위대한 리더의 유산

좋은 리더에서 위대한 리더로

| 김성진 지음 |

쿰란출판사

서문

이 세상에는 많은 리더가 있습니다.
그러나 이 시대는 진정한 리더를 원합니다.

하나님께서 원하시는 리더는 누구일까요?
하나님께서는 우리 모두를 지도자로 지으셨습니다.
 어느 곳에서는 지도자로, 또 어느 곳에서는 팔로워로, 또 어느 곳에서는 보이지 않는 서포터로, 우리 모두는 지도자요, 팔로워요, 보이지 않는 동역자입니다.

하나님께서 원하시는 리더는 위대한 리더입니다.
리더는 누군가를 팔로워 할 수 있는 자입니다.
진정한 리더는 팔로워를 지도자로 세워갈 수 있는 자입니다.
 그리고 위대한 리더는 예수님처럼 가장 낮은 곳에 설 수 있는 자입니다.

《위대한 리더의 유산》은 지도자를 위한 가이드가 아닙니다.
 지도자를 따르는 가족, 이웃, 동료 그리고 동역자들을 위해 자신을 낮추어 가는, 자신을 단련하는 지침서입니다.

이 시대, 하나님이 원하시는 위대한 리더가 되기를 원하는 모든 분들에게 하나님이 제게 주신 삶과 신앙의 유산을 이 책을 통해 남깁니다.

 《위대한 리더의 유산》이 나올 수 있도록, 부족한 자의 소리를 경청해 주신 사랑하는 모든 목회 동역자들에게 감사드립니다.
 성긴 이야기를 힘 있게 외칠 수 있도록 곁에서 함께 힘이 되어주신 연구소 동역자들에게 감사드립니다.
 그리고 리더의 유산이 위대한 유산이 되어 책으로 전할 수 있게 하신 쿰란출판사 관계자와 돕는 손길에 모두 감사드립니다.

2021년 11월 1일
김성진 목사
목회컨설팅연구소 소장

목차

서문 _ 2

위대한 리더의 유산

1부

1장	리더의 아침	… 9
2장	리더의 성공	… 17
3장	리더의 서재	… 26
4장	리더의 질문	… 36
5장	리더의 관점	… 44
6장	리더의 고집	… 53
7장	리더의 성실	… 65
8장	리더의 철학	… 73
9장	리더의 유형	… 80
10장	4.0 리더	… 89
11장	리더의 자기 신뢰	… 97
12장	리더의 자기 인식	… 108
13장	리더의 자기 평가	… 118
14장	리더의 사역 평가	… 130
15장	영적 리더의 지능	… 141

위대한 리더의 유산

2부

16장	리더십의 단계	⋯ 153
17장	브랜드 리더십	⋯ 162
18장	전환기 영적 리더십	⋯ 170
19장	리더십 잠재력	⋯ 180
20장	리더십 유형	⋯ 190
21장	리더십 유형 이론	⋯ 204

위대한 리더의 유산

1부

좋은 리더에서 위대한 리더로

1장

리더의 아침

누구나 성공적인 삶을 살고 싶어 합니다. 사람들은 성공적인 삶을 살아가는 데 여러 가지를 말하는데, 저는 그중에 중요한 것 하나가 '습관'이라고 생각합니다. 습관에 따라 그 삶의 방향이 결정되기 때문입니다. 그런 까닭에 좋은 습관, 성공을 만드는 습관을 갖는 것이 성공적인 인생을 살아가는 데 큰 의미가 있습니다.

지금은 코로나19 팬데믹으로 사람들과 대면하는 것이 어려운 환경입니다. 이전에는 출근하면서 잠시 카페에 들러 커피 한 잔을 사거나 종종 카페에 앉아 책을 읽으면서 여유를 즐겼는데, 지금은 혼자 있는 시간이 많아졌습니다. 재택근무하는 사람이나 언택트 업종도 늘어나서, 일할 때 혼자 계획하고, 홀로 보내는 시간이 많아졌습니다. 즉 스스로 시간을 관리해야 한다는 말입니다. 그만큼 시간은 성공에서 중요한 요소입니다.

한편 우리는 이미 많은 일을 감당하고 있습니다. 각자의 위치와 환경에서 해야 할 혹은 하고 싶은 일들이 이미 충분히 많습니다. 직장인이면 직장인으로서, 주부면 주부로서, 자영업자면 자영업자로서, 혹은 학생이나 취업 준비생이라고 하더라도 자기 역할에 따라 하고 있는 일 그리고 해야 할 일이 참으로 많습니다.

그러다 보니 무엇인가를 새로 하기 위해 따로 시간을 마련하기가 말처럼 쉽지 않습니다. 그런 의미에서 하루 일상을 시작하기 전에 30분을 확보하여 그 시간을 알차게 보내면 좋을 것 같습니다. 출근하기 전 혹은 이른 새벽의 30분 동안 자기를 설계하는 시간을 가지자는 것이지요.

이번 장에서는 성공의 여러 요인 중에서 이른 아침 30분을 활용하는 필요성과 방법, 그것이 어떻게 성공과 연결되는지를 나누려고 합니다. 특히 '하루 30분 루틴'을 주제로 잡았습니다. 짧다면 짧고 길다면 긴 30분을 어떻게 활용하면 좋을지, 어떤 루틴으로 30분을 짜임새 있게 보낼 것인지, 그리고 그것이 왜 필요한지, 어떻게 그 시간이 성공하는 인생을 만드는지를 나누고 싶습니다.

아침에 30분 일찍 움직이고 여유로운 시간을 확보하는 일은 하루 전부터 시작됩니다. 아침에 일찍 일어나려면 전날 일찍 자야 하는 건 어린아이들도 아는 당연한 일입니다. 적절한 수면을 확보하지 않고 억지로 만든 30분은 도움이 되기보다 오히려 해가 될 수도 있기 때문입니다.

아침에 눈을 뜨는 순간 가까이하지 말아야 할 것이 세 가지 있습니다. 바로 휴대폰, 침대, 리모콘입니다.

요즘은 휴대폰 알람을 많이 이용하는데, 알람을 듣고 끈 다음에 곧바로 손에서 내려놓아야 합니다. 알람을 끈 다음에 그대로 휴대폰을 손에 들고 SNS를 확인하는 사람이 많습니다. 페이스북, 트위터, 인스타그램 등을 살펴봅니다. 아침에 그런 것부터 접한다면, 제가 볼 때 성공적으로 하루를 출발하기 어렵습니다.

알람을 끄고 휴대폰을 내려놓는 것까지는 성공했는데, 그 자리에 그대로 뒹굴며 잠의 여운을 즐기는 사람들도 있습니다. 이것 역시 좋은 습관이 아닙니다. 잠깐 누워 있는 것 같지만 침대에서 30분 정도는 금세 흘러가 버립니다. 그렇게 시간을 잃어버리고 후회를 합니다.

또 휴대폰과 침대를 물리치고 일어난 후 리모콘을 집어 드는 사람이 많은데, 그것 역시 좋지 않습니다. 텔레비전 화면을 바라보며 관객이 되어 있는 동안 30분은 허무하게 흘러가 버립니다. 그러므로 이 세 가지는 하지 말아야 합니다.

그러면 하루를 성공으로 이끄는 '아침의 30분 루틴'은 어떤 것일까요? 30분을 쪼개서 하나씩 알려 드리겠습니다.

2분 선포의 시간

"나는 행복할 거야", "참 감사하다", "오늘도 좋은 일이 많을 거야", "나는 오늘도 행복해질 거야" 하고 선포하는 것입니다. 이것은 스스로에게 되뇌는 말이 아닙니다. '선포'하는 것입니다.

여러분, 말에는 굉장한 힘이 있습니다. 하나님께서 말씀을 통해서 천지를 창조하셨습니다. 하나님의 언어에 놀라운 힘이 있듯이, 자녀 된 우리의 말 역시 힘이 있습니다. 내가 아침에 선포함으로 말미암아 이 하루는 어쩌면 우리가 선포한 말을 따라 결정될 수도 있습니다. 그런 까닭에 가장 먼저 2분 동안 긍정적인 언어로 선포하는 것입니다.

처음에는 머쓱해서 선포하는 데 2분이 안 걸릴 수도 있지만, 생각하면서 하루를 계획하고 생각하면서 선포하는 시간을 2분 정도 가져보십시오. 선포를 반복하면서 시간을 조절해 보시기 바랍니다.

3분 큐티를 합니다

우리 연구소에서 제공하는 '시대 창문'도 좋고, 각 교회별로 목사님이 제공하는 자료도 좋고, 아니면 시중에 나와 있는 큐티 관련 책이나 핸드폰 앱도 좋습니다. 매일 빼먹지 않고 하기에 가장 적절한 것을 찾아서 3분간 경건 시간을 가집니다. 보통 큐티라고 하면 묵상, 기도, 본문 읽기, 적용의 순서로 진행되는데 짧은 시간이므로 이 순서대로 하지 않아도 됩니다. 하나님 말씀은 절차에 있는 게 아니라 하나님과 만남을 가지는 데 그 의의가 있기 때문입니다.

말씀을 묵상하면서 적용점도 생각할 텐데, 자기 자신에게 적용하기도 하지만, 사람과의 관계 속에서 적용되는 경우도 많습니다. 그럴 때면 '오늘 누구에게 연락을 취하고 이렇게 적용해야겠다'고 생각하는 것도 좋습니다.

5분 감사 일기

작은 노트를 준비해서 큐티 후에 감사 일기를 미리 써 보는 것입니다.
'오늘 이렇게 해주실 것을 감사합니다.'
'오늘 ○○○와 연락하고 좋은 소식을 나눌 수 있게 해주셔서 감사합니다.'
'아침에 이렇게 은혜롭게 출근할 수 있어서 감사합니다.'
이런 이야기들을 토막토막으로라도 정리해 보십시오. 이렇게 하루 동안 일어날 일을 미리 감사하는 데 5분을 사용합니다.

5분 핵심 일정 정리

그러고 나서 5분 동안은 오늘의 핵심 일정을 정리하여 작성합니다. 오늘 내가 해야 할 일 중에 중요한 일을 나열하는 것입니다. 스케줄러를 쓰듯이 시간표를 만들거나 시간을 배정하는 것이 아니라, 말 그대로 '오늘 나는 이런 중요한 일들을 해나갈 거야'라고 나열하며 쓰는 것입니다.
여기까지는 누구나 생각할 수 있고, 할 수 있습니다.

5분 KPI 작성

그러나 그다음 5분은 일상에서 흔히 하는 일은 아닙니다. 나만의 KPI(Key Performance Indicator)를 작성하는 것이기 때문입니다. KPI는 기업체에서 사용하는 것으로, 어떤 목표를 수행할 때 작성하는 '핵심성과지표'를 말합니다. 목표를 설정하고 성공적으로 달성하기 위해 핵심적으로 관리해야 하는 요소에 대한 성과지표입니다.

오늘 나의 핵심 일정을 어떤 방법과 행동으로 수행할지 계획하며 나만의 KPI를 만드는 것입니다. 이것을 작성하다 보면 해야 할 여러 일 중에 우선순위가 매겨집니다. '아, 오늘 이것은 꼭 해야겠구나' 하고 결정할 수 있습니다. 그리고 동기 부여도 일하는 방법도 더 구체적으로 다가옵니다. 이렇게 하면 하루가 굉장히 짜임새 있게 흘러갑니다. 그냥 주어지는 대로 살아가는 것이 아니라 나를 대입한 핵심성과지표를 이루어 가는, 규모 있는 하루를 살아가게 됩니다.

10분 정리와 티타임

이제 10분 남았습니다. 2분 선포, 3분 큐티, 5분 감사 일기, 5분 핵심 일정 나열, 5분 KPI 작성, 이렇게 숨가쁘게 20

분을 달려왔으니, 남은 10분은 여유를 가지고 앞의 시간을 정리하며 가족과 함께 티타임을 보냅니다. 이야기를 나누기도 하고 앞의 일정을 정리하기도 하는 10분입니다.

아침에 성공을 만드는 30분 루틴

2분	3분	5분	5분	5분	10분
선포	큐티	감사 일기	핵심 일정 정리	KPI 작성	정리, 가족과 함께하는 티타임

이렇게 30분 동안 하루 일과를 준비한 후, 그날 하루를 시작하면 어떨까요? 직장인이든 학생이든 혹은 주부든 사업에 종사하든 상관없이 30분 루틴은 누구에게나 적용할 수 있습니다.

여러분, 언뜻 보기에는 쉬운 일 같지만 아침 30분 습관 루틴은 하루아침에 이루어지지 않습니다. 지속적인 자기 훈련을 통해서 만들어지는 것입니다. 성공으로 가는 아침 30분, 의미 있는 인생을 위한 30분의 기적, 그리고 하루하루 가치 있는 인생을 살아가기 위한 30분의 루틴을 함께 만들어 가기를 바랍니다.

우리 모두의 삶이 의미 있고 가치 있고 성공적이었으면 참 좋겠습니다.

2장

리더의 성공

5퍼센트와 95퍼센트, 무엇을 말하는 것일까요? 성공한 사람과 실패한 사람의 비율입니다. 통상 5퍼센트가 성공을 하고 95퍼센트가 실패를 한다는 것이지요. 100명 중에 다섯 명만 성공한다는 것입니다. 여러분은 이 둘 중에 어디에 속하고 싶습니까? 아마 누구나 5퍼센트 안에 들어가고 싶겠지요.

5퍼센트 안에 들어가기 위해서는 분명히 95퍼센트와는 다른 삶을 살아야 합니다. 성공한 사람을 연구하고 그 삶을 다룬 책이나 성공한 사람들의 강연을 들어 보면, 실제로 그들은 95퍼센트와 다른 삶의 방식과 생활 습관이 있습니다. 그래서 이 장에서는 5퍼센트 성공자와 95퍼센트 실패자의 모습을 비교하고자 합니다.

성공한 사람들은 항상 성공할 것을 머릿속에 그리며 그에 대한 기쁨을 먼저 생각합니다. '나는 이렇게 될 거야' 하고 머릿속에 늘 긍정적인 자신의 모습을 그립니다. 반면에 실패한 사람들은 실패를 두려워하는 마음이 있습니다. '이번에 시험을 잘 못 보면 어떡하지?', '이게 이번에 안 되면 어떡하지?' 하는 생각을 먼저 하는 거죠. 일이 조금이라도 잘못되면 먼저 환경 탓을 합니다. 열정적으로 하고 성공하는 사람들을 시기하고 질투합니다. .

시간이 지날수록 두 그룹의 차이가 점점 커지고, 그럴수록 실패자는 더욱 이런저런 핑계를 대면서 환경이나 남 탓을 합니다. 처음에 가졌던 목표와 비전이 점점 퇴색되고, 내일에 대한 소망도 의욕도 시들어 갑니다.

성공한 사람과 실패한 사람의 차이는 머릿속에 그리는 자아상뿐 아니라 의지도 다릅니다. 성공하는 사람들은 의지가 분명합니다. 내가 하고 싶은 일, 내가 해야 할 일, 가야 할 길이 무엇인지 분명히 알고 그것만 바라봅니다. 그것 외에 다른 것을 억제하며 목표를 향해 한 걸음 한 걸음 내딛습니다.

  가는 길에 지불하고 투자할 것이 있으면 아끼지 않고 기꺼이 투자합니다. 원하는 것을 얻으려면 그에 상응하는 투자가 필요하다는 원리를 잘 알고 있기 때문입니다. 우리가 콩을 얻으려면 어떻게 해야 합니까? 밭에 콩을 심어야 합니다. 땅을 일구어 밭을 준비하고, 콩을 심고, 비료를 주고 물을 주고 잡초도 뽑으며 가꾸어야 합니다. 장차 콩을 얻기 위해 대가를 지불하는 것입니다. 막연하게 밭을 바라보며 콩을 얻고 싶다, 열매를 맺고 싶다고 생각만 하는 사람은 아무것도 얻지 못합니다. 무언가를 얻으려면 필요한 대가를 지불해야 합니다.

  그런데 긍정적인 미래상을, 그리고 목표를 분명히 하고 대가를 지불하면 언제나 성공할 수 있을까요? 그렇지 않습니다. 대부분 중간에 장애물을 만나거나 예기치 못한 환경과 사람을 맞닥뜨리는 등 상황에 변화가 생기게 마련입니다. 그러면 내가 계획한 대로 되지 않습니다. 이럴 때 성공하는 사람은 핑계를 대거나 변명하지 않습니다. 여러 방해 요소에도 불구하고 결국 해내겠다는 욕구가 더 강하고 간절하기 때문입니다.

  성공하는 사람들은 끝까지 해봅니다. 수많은 변수가 생

기더라도 끝까지 해봅니다. 설령 실패하더라도 그것을 실패로 생각하지 않습니다. "실패는 성공을 향해 걸어가는 디딤돌이다"라는 말을, 그냥 스쳐가는 격언 정도로 생각하지 않고 실현하고 마음에 새깁니다. 그래서 목표를 향해 가는 도중에 생긴 실패는 실패라는 결과로 생각하지 않고 성공을 위한 과정, 또 하나의 경험, 또 한 번의 시행착오라고 생각합니다. 그것이 끝이라고 생각하지 않습니다. 이런 생각의 차이는 굉장히 중요합니다.

그렇다면 실패하는 사람들은 똑같은 상황에서 어떻게 할까요? 그들은 '왜 이런 일이 생겼지?', '혹시 잘못된 길로 들어선 걸까?', '이게 될까?', '가능할까?'를 생각하고 망설입니다. 그들은 목표를 향한 열정이 예상했던 것과 달라지는 순간, 새로운 길을 찾거나 실패마저도 성공을 위한 과정이라고 생각하는 성공자들과는 달리 불가능을 미리 생각합니다. '될까, 안 될까? 이렇게 해도 될까?' 하고 주춤하며, 그러다가 중간에 포기하고 맙니다. 그러고는 실패를 어쩔 수 없고 바꿀 수 없는 결과이자 끝이라고 생각합니다.

둘의 차이를 표로 만들면 다음과 같습니다.

성공자과 실패자는 정서적 차이만 있는 것이 아닙니다. 인지적 차이도 있는데, 즉 성공자에게는 사고의 전환이 일

성공자	실패자
기쁨 먼저	두려움 먼저
도전, 흥분됨	환경 탓
의지와 열정에 타오름	시기, 질투함. 소원이 없음
대가를 지불함	대가를 지불하지 않음
변명하지 않음	변명, 핑계가 많음
해내고 싶어함	미리 불가능을 생각함
인내, 오래 참음	인내심이 약함
끝까지 감	중도에 포기(8부 능선에서 멈춤)

어난다는 것입니다.

성공하는 사람은 그 일을 해야 하는 당위성을 능동적으로 찾습니다. '나는 이런 이유 때문에 이것을 하려고 해', '이런 이유 때문에 이 프로그램을, 이 프로젝트를 하려고 해', '나는 이런 이유 때문에 이렇게 말하려고 해' 하면서 계속해서 당위성을 찾습니다.

반면에 실패하는 사람들은 대부분 하지 못하는 것에 대한 합리화를 합니다. 자원이 없어서, 재정이 부족해서, 지역이 부적절해서, 사람이 없어서, 위치가 나빠서 하지 못했다면서 이유를 외부로 미루고 자기합리화를 합니다.

해야만 하는 당위성	못하는 이유 합리화
• 열정(Passion) 　1) 비전(Vision) 　2) 활력(Vitality) 　3) 모험(Venture)	• 과정을 두려워 함 • 망설임 • 역동성 없음

성공자와 실패자가 왜 이렇게 극단적으로 다를까 곰곰이 생각해 보고, 저는 그것이 '열정'의 차이라고 결론을 내렸습니다. 열정이란 세 가지 필수 요소, 곧 비전(vision), 활력(vitality), 모험(venture)이 결합된 것입니다.

열정은 내가 어디를 향해서 가야 하고 어떻게 해야 할지 또 어떤 사람이 되어야 할지를 정확하게 아는 것입니다(vision). 그래서 성공자는 움직임, 행동, 말하는 것, 자세, 태도에서, 또 혼자 있을 때 혹은 누구를 만날 때도 생동감이 넘칩니다(vitality). 성공한 사람들은 활력, 생동감이 넘칩니다. 그 사람의 언행심사를 보십시오. 활발하고 재빠릅니다. 재빠르다는 것은 속도가 빠르다는 것이 아니라, 정확한 방향을 바라보고 바지런하게 즉시 행동한다는 말입니다. 결코 미루거나 안주하지 않습니다. 눈빛이 살아 있습니다.

여러분, 성공하는 사람은 도전을 두려워하지 않습니다(venture). 벤처 기업을 운영하는 사람들은 대부분 대기업에나 중소기업에서 상당한 실력을 인정받던 사람들입니다. 만약 그들이 창업을 하지 않고 그대로 회사에 남아서 열심히 일했다면, 어떤 측면에서는 오히려 편했을 것입니다. 회사에서 꼬박꼬박 급여를 받을 것이고, 실적을 내면 그에 따른 보상도 받을 테니까요. 그런데 그들은 거기에 머물지 않았습니다. 모험을 시도했습니다. 실패에 대한 두려움을 끌어안고 지속적으로 시도하는 것이지요.

쉽게 이해할 수 있도록 저를 예로 들어 보겠습니다. 저 역시 강의를 시작하기 전에는 온라인 강의에 대한 두려움이 컸습니다. 그러나 도전했습니다. 그리고 지금도 진행하고 있습니다. 여전히 부족한 것도 많고 미숙하지만, 그래도 계속 도전하면 어느 정도까지는 해낼 수 있지 않을까 생각합니다. 실패가 두렵지 않은 것이 아니라, 실패를 거듭하더라도 도전할수록 더 나아지지 않을까 기대를 하기 때문에 하는 것입니다. 제 속에서 성공 인자를 갖고 싶다는 욕심, 성공하고 싶다는 욕구가 실패에 대한 두려움보다 더 강하기 때문이지요.

그런데 실패하는 사람들은, 앞서 말한 것처럼 과정에 대한 두려움이 있습니다. 실패를 미리 걱정합니다. 그런 두려움 때문에 긴장하고, 다음 과정으로 나아가는 것을 망설입니다. 그러다 보니 역동성이 없습니다. 활력도 없습니다. 한계에 부딪치고 압박을 받기 때문입니다. 그 압박을

방어하고 적극적으로 공략하는 것은 성공에 도전하는 것이고, 압박에 굴복하는 것은 곧 실패로 이어집니다.

성공한 사람은 행하는 사람들입니다. 일단 해봅니다. 그리고 그들은 끊임없이 실력을 배양해 갑니다. 자신에 대한 헌신을 아끼지 않습니다.

새로운 일을 도모하려면 그동안 편하고 익숙했던 것을 내려놓아야 합니다. 그래야 그 다음 단계로 갈 수 있기 때문입니다. 그리고 성공자들은 부지런합니다. 내게 주어진 일을 최선을 다해 열심히 합니다. 일을 해야 하는 그때 즉시 하며 내일로 미루지 않습니다. 그러면 실패하는 사람들은 어떨까요? 이것과 반대의 행동을 합니다.

이렇듯 성공자와 실패자 사이에는 현저한 차이가 있습니다. 저는 여러분이 열정적인 성공 인자를 끊임없이 개발해서 앞으로 나아가는 삶을 살아갔으면 좋겠습니다.

성공자	실패자
행함	생각
실력 배양	망설임
헌신	계산적
부지런함	게으름
즉시 실행	미룸

우리의 삶에 언제나 성공 인자가 더해져서 삶의 여러 영역에서 성공을 일구어 나갔으면 좋겠습니다. 성공의 비결은 먼 곳에 있지 않습니다. 바로 지금 이 순간의 성실과 열정이 성공으로 가는 길입니다. 이 일은 쉽지만 또 어렵습니다. 그렇더라도 저와 여러분 모두 성공의 비결을 익히고 실천해서 그 길로 가기를 바랍니다.

3장

리더의 서재

이 책을 읽는 독자는 대개 리더이거나 리더 후보일 것입니다. 리더는 CEO처럼 거창한 사람만 일컫는 말이 아닙니다. 모든 사람은 리더이거나 리더 후보라고 할 수 있습니다. 사회에서, 교회에서, 혹 가정에서라도 이끄는 사람의 입장에 있다면 리더라고 할 수 있습니다. 서너 명이 모이는 동아리에도 모임을 좀더 적극적으로 이끄는 사람이 있고, 교회 소모임이나 친구들 사이에서도 조금 더 앞장서서 일하는 사람이 있습니다. 그들이 모두 리더입니다.

지금은 내가 리더가 아니더라도 언젠가 그 역할을 맡을지도 모릅니다. 그러므로 우리 모두는 리더로서의 자격을 갖추기 위해 노력해야 합니다. 리더가 어떻게 자신을 관리해야 하는지는 리더의 영원한 숙제일 것입니다.

이 장은 리더의 서재에 관한 것입니다.

여러분, 책 좋아하십니까? 저는 책을 매우 좋아해서 이전에 독서법을 연구하고 강의한 적도 있습니다. 그때 연구하고 강의했던 것을 출판하고 싶었는데 이번에 그때의 자료를 다시 찾아보며, 곧바로 적용할 수 있는 내용 몇 가지를 나누려고 합니다.

우리나라의 성인 독서율은 매우 낮습니다. 종이책 기준으로 2019년 성인 독서율은 52.1퍼센트로, 성인 두 사람 중에 한 사람은 1년에 한 권도 안 읽는다는 의미입니다. 이것은 통계로만 본 것이고, 책을 좋아하는 사람은 한 달에 여러 권을 읽으니까, 어쩌면 1년이 지나도록 책 한 권조차 읽지 않는 사람이 더 많을지도 모릅니다.

독서의 중요성은 아무리 강조해도 지나치지 않습니다. 독서는 리더에게만 필요한 것이 아니라 모든 사람에게 필요한 것입니다. 하물며 리더라면 더 많이 읽어야 합니다. 리더에게 독서는 필수 중의 필수입니다. 세계의 리더들을 소개하는 책을 보면 그들의 독서량은 어마어마합니다. 리더는 다양한 장르의 책을 읽고 자신의 분야에서 성과를 내는데, 여기에서는 그중에서도 자신을 개발하고 연구하는 데 도움이 되는 독서를 다루려고 합니다.

먼저, 리더는 왜 독서를 해야 할까요? 독서의 이유를 알아야 내가 독서하는 데 힘을 얻고, 또 리더로서 다른 사람에게도 독서에 좋은 동기를 부여할 수 있습니다. 그래서 독서를 해야 하는 이유를 아는 것은 중요합니다.

첫째, 독서를 하면 편향성에서 벗어날 수 있습니다. 편향성의 사전적 정의는 '한쪽으로 치우치는 성질'입니다. 리더는 자기도 모르게 자기가 생각하고 고민하고 공부하여 알고 있는 것을 절대적 기준으로 삼을 수 있습니다. 그런데 다양한 장르의 독서를 하면 어느 한쪽으로 기울어지는 것을 벗어날 수 있고, 포괄적 개념으로 이해할 수 있습니다.

둘째, 독서를 통해 자기 생각을 검증해 볼 수 있습니다. 나의 생각, 나의 주관, 철학 등이 정말 옳은지 또 논리적인지를 어떻게 알 수 있을까요? 책을 읽으며 저자들에게서 배우고, 나의 생각과 비교하면서 내 생각과 삶의 방향을 검증할 수 있습니다. 독서가 없는 리더는 그 어떤 점검도 하지 않으므로 공동체를 잘못된 방향으로 이끌 위험이 있습니다.

셋째, 독서를 통해 사고를 넓힐 수 있습니다. 리더가 창의성을 발휘하고, 의견을 조율하거나 때에 따라 사람들을 설득하기도 하며, 여러 사람의 말에 귀를 기울이고 판단하고 수용하기 위해서는 사고의 팽창이 매우 중요합니다. 우리는 독서를 통해 사고를 넓힐 수 있으며, 공동체의 유익과 발전을 위한 다양한 접근 방법과 알맞은 적용점도 찾을 수 있습니다. 그러므로 리더는 독서를 지속적으로 해 나가야 합니다.

넷째, 독서로 새로운 아이디어도 얻을 수 있습니다. 실제로 이 사회 혹은 공동체에 영향력을 주는 아이디어나 아이템은 독서를 하면서 힌트를 얻은 경우가 많다고 합니다. 새로운 아이디어를 얻기 위해서 독서를 하기도 합니다. 그래서 리더에게는 다양한 독서가 필요합니다. 저도 마찬가지입니다. 영향력 있는 아이디어나 아이템은 갑자기 '유레카' 하고 튀어나오는 것이 아닙니다. 대부분 독서하면서 힌트를 얻은 것입니다.

다섯째, 독서를 통해 자기 계발이 이루어집니다. 저는 처음부터 독서를 많이 한 것은 아닙니다. 학부 때 법학을 전공했는데, 법학은 논리적이고 이론적인 학문이고 읽어봐야 할 전공 서적이 매우 많습니다. 그래서 전공 서적만 읽고 다양한 독서는 하지 못했습니다. 그러다가 멘토를 만나

동기를 부여받고 제 인생 처음으로 독서다운 독서를 시작했습니다. 학군 장교로 자원하여 강원도 철원 최전방 부대인 백골부대에서 군 복무를 할 때입니다. 칠흑 같은 밤이 되면 저의 멘토는 어김없이 한 손에 뜨거운 커피와 책 한 권을 들고 산을 넘어 제가 있는 곳까지 찾아오곤 했습니다. 그는 제게 100권의 추천 도서 리스트를 주었는데, 데미안은 추천도서 1번이었습니다. 그곳에서 책을 통해 멘토와 나눔을 가지며 추천 도서 100권을 모두 읽었습니다.

그때의 습관 덕분에 이후에도 다양한 분야의 책을 많이 읽었고, 그러는 사이에 저도 모르게 다양한 분야에 이해도가 높아지더니, 급기야는 연구소 소장이라는 역할을 감당할 정도의 사고 수준에 이르렀습니다. 그래서 저는 지금도 독서를 게을리해서는 안 된다는 생각을 합니다. 자기계발과 새로운 아이디어 창출을 위해, 그리고 편향성을 벗어나기 위해 그 분야를 앞서서 연구한 사람들의 글을 통해 내 생각이 옳은지 검증하는 것은 매우 중요합니다.

여섯째, 독서를 하면 정서적 안정감을 줍니다. 인지적인 부분만이 아니라 감성적인 부분을 위해서도 독서는 필요합니다. 글을 읽고 있으면 활자 자체가 제게 생동감을 부여하곤 합니다. 감성을 건드리는 것입니다. 독서하는 사람이 등장하는 그림이나 사진을 보십시오. 주로 자연이나 한

적한 장소에서 편안한 자세를 취하고 있습니다. 그만큼 독서는 정서적인 안정감을 주는 활동입니다.

일곱째, 독서를 하면 언어를 습득할 수 있습니다. 설교를 예로 들면, 보통의 목회자가 설교에서 사용하는 단어는 1,500~1,700개라고 합니다. 그런데 탁월한 설교가들은 설교에서 2,300개 이상의 단어를 씁니다. 무려 600~800개 정도 차이가 납니다. 이 차이가 어디에서 올까요? 바로 독서에서 옵니다. 탁월한 설교가들의 공통분모는 지속적으로 다양한 독서를 한다는 것입니다. 독서가 어휘 습득의 통로가 된 것이지요.

여덟째, 독서를 하면 묵상의 깊이가 달라집니다. 종종 큐티를 하고 나누는 모임에 참석하는데, 큐티 내용만으로도 독서 정도를 알 수 있습니다. 큐티가 항상 똑같으면 그분은 독서하지 않는다고 봐도 무방합니다. 독서하는 사람은 언어의 표현이나 적용 등 큐티의 내용에 깊이가 있습니다. 독서를 하면 묵상이 깊어집니다.

아홉째, 책을 통해 멘토와의 교제가 이루어집니다. 독서는 멘토링받는 것이기 때문입니다. 직접 만나지는 못하지만 저자가 책을 통해서 내게 계속적으로 멘토링을 해주는 것과 같습니다. 독서를 하면 인간관계에도 변화가 생깁니다. 독서는 책을 통해 멘토, 즉 저자를 만나는 것입니다. 독서가 쌓이면서 저자들과 책을 통해 만나는 것은 실제 인간관계에도 긍정적인 변화를 줄 수 있습니다.

그러면 어떤 방법으로 책을 읽어야 효율적일까요?

요즘은 코로나바이러스감염증-19(COVID-19), 일명 코로나19 때문에 밖으로 나가지 못하고 집에 머물거나 재택 근무를 하는 사람이 많아졌습니다. 저도 오프라인 강의를 못하고 줌으로 화상 수업을 하니 집에 머무는 시간이 많아졌습니다. 이런 상황 속에서 위기를 기회로 만들기 위해 독서를 많이 한다고 합니다.

그런데 평소에 책을 많이 읽지 않았거나 독서 습관이 없는 사람들은 막상 독서를 하려고 해도 어디서부터 어떻게 해야 할지 몰라 우왕좌왕하는 경우가 많습니다. 그래서 간략하게 독서법을 제시하려고 합니다.

첫째, 관심사를 먼저 정리하십시오. 내가 어떤 분야에 관심이 있는지 주제별로 정리하라는 말입니다. 심리학, 언어학, 역사학, 신학, 자연과학, 공학, 아니면 문학 등 관심있는 분야를 하나씩 정하고, 하위로 세부 관심사도 정리하면 좋습니다. 그러면 읽을 책을 좀 더 편하게 선택하고 흥미 있게 읽을 수 있습니다.

둘째, 무조건 책은 가까이 두어야 합니다. 저는 연구소에서 수시로 독서할 수 있도록 제가 이용하는 공간에는 항상 책을 둡니다. 서재, 손님을 맞이하는 방, 잠깐 쉬는 방에도 책상이 있어서 항상 책이 가까이 있습니다. 한 권을 집중해서 읽는 것도 중요하지만 손 닿는 곳에 책이 있는 환경을 만드는 것도 매우 중요합니다.

셋째, 정독만 고집하지 말아야 합니다. 독서에 실패하는 이유 대부분이 정독하려고 하기 때문입니다. 정독이 필요할 때도 있지만, 편안한 마음으로 영화를 보듯이 가볍게 읽어 나가는 것(screen reading)도 독서 방법 중 하나입니다. 책을 처음부터 끝까지 다 읽어야 하는 것은 아닙니다. 흥미 있고 관심 가는 부분만 읽어도 됩니다. 지금 책장에서 아무 책이나 꺼내 펼친 후 책 앞면, 제목, 목차, 이런 것만 봐도 독서입니다. 진지하게 보는 것만 독서는 아닙니다.

넷째, 독서 시 반드시 메모해야 합니다. 우리나라 사람 대부분이 독서하면서 놓치는 것이 있습니다. 책에 메모를 하지 않는다는 것입니다. 어릴 때부터 책을 깨끗이 보라고 교육을 받아서인지 우리는 책에 글씨를 쓰는 것은 낙서하고 책을 훼손하는 것처럼 생각합니다. 그러나 여러분, 책을 읽고 생각나는 것을 즉시 메모하는 것은 매우 중요합니다. 설령 나중에 그것을 다시 보지 않는다 해도 메모는 꼭 해야 합니다. 책에 쓰는 것이 부담스럽다면 따로 노트를 만들어도 좋습니다. 그리고 떠오르는 생각, 느낀 점, 잘 모르는 단어 등을 메모해 두었다가 수시로 보는 습관을 들여야 합니다.

다섯째, 독서의 생명력은 나눔과 활용입니다. "이를 써먹지 않으려거든 읽지도 마라" 하는 말도 있습니다. 내가 읽고 메모했다면, 가족이든 교인이든 혹은 모임을 통해서든 함께 나누고 이야기하십시오. 요즘은 줌이나 카카오톡, 페이스북, 밴드 라이브 등 화상으로 만나고 이야기할 방법이 많이 있습니다. 화상으로라도 독서 나눔을 하면 좋습니다.

마지막으로, 리더의 서재는 언제나 최상의 컨디션을 유지해야 한다고 말하고 싶습니다. 컨디션이란 독서 환경을 말합니다. 책을 읽으려고 책상에 앉았다 하더라도 독서에 적합한 환경이 아니면 독서를 하기 쉽지 않습니다. 책상이든 소파든 적절한 환경을 만드는 것이 중요합니다. 그래서 독서에 적합한 환경을 어떻게 만들어 내는가도 우리가 함께 풀어가야 할 중요한 과제라고 생각합니다.

일반 가정에서 서재를 별도로 마련하기란 쉽지 않을 것입니다. 그러니 나를 위해 구별된 시간, 나만을 위한 공간을 만들어 보십시오. 거실의 한 귀퉁이에 작은 책상과 조명 하나만으로도 충분할 수 있습니다.

독서는 선택이 아닙니다. 특히 리더에게 독서는 호흡입니다. 그래서 저는 독서를 강조하고 또 강조합니다. 독서가 인생을 바꿀 수도 있습니다. 서점에 가 보십시오. 인터넷으로 검색해 보십시오. 세계의 리더들이 '나를 바꾼 책'을 말하는 콘텐츠들이 넘칩니다. 독서는 나를 결정적으로 변화시키는 도구가 됩니다.

독서가 어렵게 느껴질 수도 있습니다. 그렇더라도 저는 지금 당장 독서를 시작하라고 말하고 싶습니다. 독서를 포기하고 싶다면, 죄송하지만 리더로서의 역할과 위치도 포기해야 한다고 생각합니다. 그만큼 리더에게 있어서는 독서는 절대적입니다. 독서 하나가 인생을 바꿀 수도 있다는 것을 우리는 잘 알고 있습니다. 저는 자신을 변화시키는 결정적 도구가 독서라고 확신합니다. 여러분 모두 이 사실에 동의하고 실천하여 놀라운 독서가로 변신하시길 바랍니다.

4장

리더의 질문

리더는 답을 내는 사람입니다. 왜냐하면 방향을 제시하고 문제를 해결해 가는 사람이기 때문입니다. 그러기 위해서는 스스로에게 질문을 던지고 답을 찾을 수 있어야 합니다. 그래야 그 답을 공동체에 전달할 수 있기 때문입니다. 이 장에서는 리더가 스스로 가져야 하는 본원적인 질문이 무엇인가를 살펴보려고 합니다.

여러분도 리더의 자리에 있다면 스스로 질문을 많이 할 것입니다. 리더는 무엇보다도 스스로 공동체를 위한 질문을 하고 답을 찾는 일을, 찾을 때까지 무한반복해야 합니다. 그렇다면 리더에게 본원적인 질문은 왜 필요할까요?

스스로에게 질문함으로써 자기의 발전과 개발을 끌어낼 수 있습니다. 그 질문은 자기 반성이 될 수도 있고, 내가 지금 무엇을 찾고 갈구해야 하는지에 대한 생각일 수도 있습니다. '지금 무엇이 부족하지?' '다음 단계에는 무엇을 해야 하지?'를 끊임없이 생각하는 것입니다.

제 안에는 늘 갈급함, 부족함이라는 단어가 있습니다. 실제로 저는 부족한 것이 많은 사람입니다. 그 답으로 공부를 하자, 좀 더 배우자 하고 생각하고 실천합니다. 목마름이 있다는 것이 저에게 던진 질문이고, 그 답을 공부로 낸 것입니다.

스스로 질문하는 일은 공동체가 나아가야 할 방향을 수정하게도 합니다. 대개 공동체 구성원은 리더에게 질문을 잘 하지 않습니다. 그러나 질문이 많아야 그 답을 찾아가면서 수정하고 보완할 수 있습니다. 그러므로 스스로에게 질문함으로써 새로운 변화와 성숙을 도모해 가고, 공동체의 방향성을 제시할 수도 있습니다.

또 리더는 자기에게 질문을 던지고 답을 찾는 일을 통해서 자기 혁신을 지속적으로 도모할 수 있습니다. '혁신'이란 가죽 '혁'(革)자에 새로울 '신'(新) 자를 씁니다. 가죽을 새로 만들려면 먼저 짐승이 죽어야 합니다. 그래야 그 가죽을 벗길 수 있습니다. 가죽을 새로 만드는 일, 혁신에는 이렇듯 희생이 따릅니다. 그만큼 리더는 공동체를 위해 자기 희생과 시간을 들여야 합니다. 혁신을 도모한다는 것은 자기가 쌓아온 것을 희생하는 것을 전제합니다. 자신에게 질문할 때 희생과 혁신이 지속적으로 이루어질 수 있습니다.

이렇듯 스스로 질문을 던진다는 것은 우리가 당면한 여러 가지 문제들을 해결해 갈 수 있다는 것이지요. 그렇다고 해서 아무 질문이나 좋다는 의미는 아닙니다. 비관적인 질문은 사람을 피곤하게 하고 스트레스를 줍니다. 그러나 건설적인 질문은 그 답을 찾는 과정에서 자긍심이 커지고, 자기 사역을 펼치면 그 영역이 넓어지고, 자신감도 키워 줍니다.

그러면 많은 리더들은 과연 어떤 질문을 하고 있을까요? 그들은 무엇을 생각하며 어떤 질문으로 지속적인 성장을 도모할까요? 저는 아침에 신문을 볼 때마다 깜짝 놀랍니다. 매번 무엇을 개발했다, 무엇을 추진했다, 무엇을 이루어 냈다는 기사가 가득합니다. 여러분, 이런 것이 자다가 눈 뜨면 그냥 생기는 것이 아닙니다. 끊임없는 질문을 통해 새로운 것을 도모해 가기 때문에 가능한 일입니다.

진정한 지도자라면, 질문이 너무 많아서 잠을 못 이룰 정도가 되어야 하지 않을까요? 물론 수면은 삶에서 중요한 요소지만, 여기서 잠을 못 잔다는 것은 그만큼 리더들은 끈질긴 질문을 통해 고민의 본질에 접근해 보려고 애를 쓴다는 의미입니다.

그리고 리더들의 이런 질문은 문제 해결을 위한 고민이 아닙니다. 일상 속에서 일어나는 문제에 해결책을 얻으려는 것도 아닙니다. 단기적인 결과를 얻기 위한 순간적인 아이디어도 아닙니다. 질문은 어려움을 헤쳐 나가기 위한 도전의 하나입니다. 그리고 믿음입니다. 이 문제를 풀고 나면 더 나아진다고 믿는 것입니다. 예를 들어, 이스라엘 백성들이 요단 강물에 발을 딛는 순간 요단 강물이 말랐던 것처럼, 그렇게 발을 딛는 것입니다. 결단하는 것입니다.

리더의 질문은 좀 더 본질적입니다. 리더는 근본적이고 본원적이고 실존적인 질문을 던지는 사람입니다. 따라서 그가 갖고 있는 질문은 무엇이고, 지금 어떤 질문을 하며, 그가 어떻게 답을 찾아가고 있는지를 놓고 리더의 자질을 평가할 수도 있습니다.

애국지사들을 생각해 봅시다. 그들의 질문은 무엇입니까? '어떻게 하면 나라를 구할 수 있을까?'입니다. 범인(凡人)들의 질문이 '오늘 무엇을 먹을까?', '오늘 무엇을 입을까?', '어디에 거할까?'라는 실존적·형이하학적 차원의 것이라면, 리더의 질문은 그보다 본원적이고 근원적이며, 고차원적이고 형이상학적입니다. 이 땅에서 오늘을 살아가는 사람들에게 무엇을 제공해 줄 수 있을까를 고민하는 질문, 저는 그런 것이 진정한 질문이라고 생각합니다.

리더의 본원적인 질문을 다섯 가지로 정리해 보겠습니다.

첫째, '지금 내가 하고 있는 업(본질적 사역)이 무엇인가?'를 매일, 매 순간마다 물어야 합니다. 제가 하는 일은 컨설팅입니다. 컨설팅이란 현재 상태를 진단하고 그것을 분석해서 대안을 제시하고 임상하게 하고 피드백하고, 다시 진단하고 분석하고 대안을 제시하고 피드백하는, 일련의 순환 과정을 지속하는 일입니다. 그러다 보니 저는 계속 스스로에게 물어야 합니다. 예를 들어 코로나 시대인 지금은 '코로나 이후에 우리의 대안은 무엇인가?'라는 것이 제 본질적인 사역에 대한 질문입니다.

둘째, '어떻게 만족시킬 것인가?'를 질문해야 합니다. 예를 들어 레이저 포인트를 생산하여 판매하는 회사라고 하면, 리더는 어떻게 하면 물건을 많이 팔까 하는 것만을 고민하지 않습니다. 사용자가 이 제품을 얼마나 유용하고 쉽게 쓸 수 있을까, 곧 소비자에게 어떻게 만족을 줄 것인가를 고민합니다. 동시에 회사 공동체 조직을 효용성 있게 운영하고, 물적 자원을 실용적으로 쓰며, 어떻게 해야 인적 자원이 각각의 기능을 발휘하게 할지를 고민합니다.

셋째, 끊임없이 혁신에 대해 질문해야 합니다. 살아 있다는 것은 변화한다는 것이고, 변화는 혁신을 지속하는 것입니다. 지금에 만족하는 사람은 관리자이고, 지금에 만족하지 않는 사람은 리더입니다. 지금보다 나은 변화를 도모하려고 하기 때문입니다. '어떻게 혁신할까?', '무엇을 해야 할까?', '언제 혁신할까?', '누가 할 것인가?'와 같이 끊임없이 내가 무엇을 바꿔야 할지를 질문하는 사람이 지도자입니다.

구글이 지금의 구글이 된 데에 결정적인 도움을 준 코치이자 멘토가 있었습니다. 바로 존 도어 회장입니다. 그가 구글을 반복해서 컨설팅하면서 구글이 지속적으로 변화하기 위한 원리를 제시해 주었습니다. '목표(object)와 핵심 결과(key results)가 무엇인가?', '이것을 통해서 어떤 핵심 결과를 내려고 하는가?', '이 핵심 결과를 얻기 위해서는 무엇을 바꾸어야 하는가?' 하는 질문이었습니다.

혁신의 아이콘이 된 구글은 전 사원이 이것을 질문하고 고민합니다. 우리의 목표가 무엇일까? 더 가치 있는 인생을 살도록 사람을 어떻게 도울 수 있을까? 이것이 목표입니다. 핵심 결과는 구글창에 들어와서 검색할 때 0.1초 만에 자료가 드러나게 세팅하는 것입니다. 그래서 지도자는 끊임없이 내가 무엇을 바꾸고 어제의 어떤 것을 바꾸어야 할지를 질문하는 사람입니다.

넷째, 사람에 대한 질문이 필요합니다. 목회도 기업도 인재 전쟁이라고 합니다. 제가 최근에 학교에서 HR 강의를 듣고 있는데, '인재 개발을 어떻게 할 것인가?'에 관한 것입니다. 왜 대학이 대기업이나 글로벌 기업으로 갈 수밖에 없을까요? 그들은 뛰어난 사람을 찾기 위해 돈을 아끼지 않기 때문입니다. 공동체를 혁신하기 위해서 가능성이 있는 사람들을 찾는 것입니다.

교회를 포함해 다른 공동체도 마찬가지여야 합니다. 그래서 우리 공동체 안에는 어떤 사람이 있는지, 어떤 사람으로 만들어 가야 하는가가 매우 중요합니다. 좋은 사람이 몇 명이라도 있으면 좋은 공동체가 됩니다. 좋은 인재가 있는데 아직까지 제대로 세우지 못했다면, 이제부터라도 좋은 동역자로 성장시켜서 함께 비전을 이루어 나가시기 바랍니다.

다섯째, '나에게 도움을 주는 멘토가 누구인가?' 하는 것입니다. 물론 도움을 받으려고 사람을 만나는 것은 아닙니다. 그러나 인간관계를 통해 사람은 성숙해지고 혁신하며 변화를 창출해 낼 수 있습니다. 내가 답답해 하는 인생의 문제를 펼쳐 놓고 이야기할 수 있는 사람은 누구인가, 내 리더십에 위기가 왔을 때 누구를 만날 것인가를 묻는 것입니다.

여러분, 세계적인 기업가도 멘토가 있었습니다. 스티브 잡스도 그와 함께 산책하며 대화를 나누었던 인생의 멘토, 빌 캠벨이 있습니다. 2002년 월드컵 때를 생각해 보십시오. 그때 한국 축구가 4위에 오르며 전 세계에 파란을 일으켰습니다. 선수들도 훌륭했지만 감독 한 사람, 코치 한 사람의 영향력이 한국 축구를 전 세계에 드러내는 결정적 단초를 만들어 주었습니다. 이런 사람이 공동체에 있어야 합니다.

그러므로 혼자서 일하지 마십시오. 여러분이 부족하니까 함께 일하라는 말이 아닙니다. 오히려 뛰어난 사람일수록 더 뛰어난 사람과 함께하는 법입니다. 지금은 협업, 융합의 시대입니다. 리더는 혼자 고고하게 앞서가는 사람이 아니라 모두가 함께 앞으로 나아가도록 합력하고 조화를 이루는 사람이라는 것을 기억하시고, 위의 다섯 가지 질문을 늘 머릿속에 두시기 바랍니다. 여러분 모두 날마다 이런 질문을 하며 답을 찾아가는 성숙한 리더들이 되었으면 좋겠습니다.

5장

리더의 관점

우리는 흔히 '그릇이 크다'거나 '그릇이 작다'는 말을 씁니다. 사람은 저마다 그릇의 크기가 있습니다. '리더의 그릇의 크기가 리더십의 크기다'라는 말을 많이 합니다. 탁월한 리더와 좋은 리더의 차이는 궁극적으로 그릇의 차이라고 생각합니다. 그렇다면 리더에게 그릇은 무엇인지 리더의 3·3·3 전략을 다루려고 합니다.

교회 안에서 '믿음의 그릇을 크게 가져라'라는 말을 흔히 사용합니다. 자주 듣는 말인데 막상 구체적으로 파악하려면 그 의미가 금방 떠오르지 않습니다. 정의를 하자니 무언가 막연하고 명확하게 파악되지 않습니다. 그래서 제가 그릇에 대한 정의를 내려 봤습니다.

"자신이 세운 원리와 원칙에 따라서 그릇의 파이가 작거나 또 커진다."

예를 들어, '나는 인류 공헌을 위하여 일하겠다'라는 원칙을 세웠다면 그 사람의 그릇은 굉장히 큽니다. 또 누군가는 '나는 하루에 책을 10페이지 읽겠다'는 원칙을 세운다면, 그러면 그의 그릇의 크기는 딱 책 10페이지 읽는 만큼이 됩니다. 반면에 '나는 아침에 책 한 권을 읽고 하루 일과를 시작하겠다'라는 누군가의 원칙은 10페이지 읽는 것보다 그릇이 크다고 할 수 있습니다. 우리는 마음의 크기, 또는 비운 마음의 너비, 지식의 깊이, 높이 등으로 그릇의 크기를 알 수 있습니다. 하고자 하는 일과 그에 따라 정하는 규칙의 규모와 의미가 커지면 그만큼 그릇이 커집니다.

그릇이란?	
• 마음의 크기	• 마음의 비움
• 지식의 깊이	• 관점의 전환
• 안목의 길이	• 반대 수용력
• 가치의 성숙	• 물질의 헌신

리더의 그릇을 한편으로는 관점의 전환이라고도 합니

다. 부정적에서 긍정적으로, 소극적에서 적극적으로 바뀌는 것이 관점의 전환입니다. 관점은 하나의 프레임, 곧 안경을 갖는 것과 같습니다. 리더는 사물을 왜곡되게 보지 않고 시야를 방해받지 않는 투명한 안경을 가져야 합니다.

그리고 넓은 시각을 가져야 합니다. 좁은 시각으로 주변을 다 돌아볼 수 없기 때문입니다. 그러므로 넓은 시각도 리더의 그릇입니다. 안목의 길이도 마찬가지입니다. 한 달 후, 6개월 후 정도만 생각하는 사람은 안목이 짧은 것입니다. 리더는 5년 후, 10년 후를 내다보는 긴 안목을 가져야 합니다. 안목이 길어지면 그릇의 크기도 커집니다.

리더의 그릇이 좁다면, 사람들의 부정적 견해나 피드백을 받을 때 수용력이 떨어집니다. 리더는 끊임없이 자신을 성찰하고 질문을 던지며 조언을 받을 수 있어야 합니다. 그래서 수용력의 크기도 리더십의 크기로 볼 수 있습니다.

가치의 성숙 역시 리더의 그릇 크기를 좌우합니다. 가치가 숭고할수록 그릇이 커집니다. 물질의 헌신도 마찬가지입니다. 물질의 씀씀이로 리더십의 크기를 결정하기도 합니다. 그릇이 작은 사람은 돈 씀씀이가 약합니다. 기부나 헌신을 하지 못하고 자기 지갑 채우기에 바쁩니다.

그렇다면 리더십의 그릇을 키우려면 어떻게 해야 할까

요? 3·3·3 전략으로 키울 수 있습니다.

첫 번째 '3'은 버려야 할 마음 세 가지인데 편협성, 이기심, 권력 행사입니다.

편협성은 자기가 가진 생각은 옳고 다른 사람은 틀렸다는 마음입니다. 편향성과도 비슷합니다. 한쪽으로만 치우쳐 있다는 것입니다. 편협성이든 편향성이든 이런 성향은 주변 사람들과 단절되게 만들기 때문에 매우 위험합니다.

저는 지금 한국 사회에서 벌어지는 이데올로기 싸움이 편협성을 극단적으로 보여주고 있다고 생각합니다. 자기 진영의 논리만 옳다고 주장하기 때문에 서로를 수용하지 못합니다. 우리 편 외에는 무조건 적이라고 인지합니다. 이것이 얼마나 위험한 생각인지 모릅니다. 그러나 그릇이 큰 사람은 편협성과 편향성을 배제하고 통전성을 갖게 됩니다.

그리고 이기심도 버려야 합니다. 이기심을 버리면 그 자리에는 이타심이 남습니다. 이타심의 크기가 커질수록 그 사람의 그릇도 커질 것입니다.

마지막으로 권력 행사를 버려야 합니다. 편협성 혹은 이기심을 가지고 권력을 행사하면 어떤 일이 일어날까요? 상상만 해도 끔찍합니다. 십자군 전쟁을 비롯하여 지금도 세계 곳곳에서 일어나는 종교 전쟁을 보면 잘 알 수 있습니다. 이것은 리더의 그릇이 매우 작아서 일어나는 일입니다.

설령 이런 권력을 행사할 수 있어도 행사하지 않는 것이 큰 그릇, 좋은 그릇입니다.

두 번째 '3'은 리더가 갖추어야 할 힘 세 가지인데 통찰력, 결단력, 실행력입니다.

통찰이란 꿰뚫어본다는 것입니다. 꿰뚫어본다는 말은 신령한 것을 보거나 신비한 눈으로 본다는 말이 아닙니다. 어떤 사건을 볼 때 그 사건의 정황과 실체만 보는 것이 아니라 보이지 않는 배경, 백그라운드를 보는 것을 말합니다.

예를 들어 어떤 책을 읽었을 때, 책의 표면에 나타나 있는 것만이 아니라 그 이면에 숨은 작가의 의도까지 읽어 내는 것입니다. 성경도 마찬가지입니다. 하나님께서는 분명한 목적을 가지고 저자를 통해서 성경을 기록하셨습니다. 우리는 기록된 문자도 해석해야 하지만 통찰력을 가지고 그 이면에 담긴 하나님의 뜻, 의도를 읽어 낼 줄 알아야 합니다.

그다음 힘은 결단력인데, 매우 중요합니다. 짐 콜린스는 《경영 전략》에서, 경영 전략을 세우는 데 필요한 리더십 일곱 가지 요소를 말했습니다. 그 중에 첫 번째로 나오는 것이 결단력입니다. 리더는 결단할 때 신속하고 정확해야 합니다. 그래서 결단력을 키우면 리더의 그릇이 커집니다.

마지막 힘은 실행력입니다. 우리는 대개 머리로 계획하고 입으로 말하는 것은 잘합니다. 그런데 행동에 옮기는 것은 약합니다. 입으로 성경 말씀을 줄줄 외워도 삶이 그 말씀을 닮아 있지 않다면 죽은 믿음입니다. 믿음의 실행력이 약하다는 말입니다.

목회자를 예로 들어 봅시다. 매주 설교를 한다면, 주일 설교만 해도 최소 50번 이상입니다. 그런데 말씀을 선포한 목회자가 그 말씀과 상관없는 삶을 산다면 많은 교인이 등을 돌릴 것입니다. 선포한 대로 살려는 노력이 반드시 있어야 합니다. 많이 아는 것도 중요합니다. 그러나 아는 것을 행하지 못한다면 사장된, 죽어 버린 이론일 뿐입니다.

세 번째 '3'은 우리가 추구해야 할 세 가지인데 도전, 창의력, 협력입니다.

우리는 도전해야 합니다. 믿음은 바라는 것들의 실상이고 보지 못하는 것들의 증거라고 했습니다. 믿음 자체의 속성이 도전하는 것입니다. 그냥 시도해 보는 것입니다. 요단 강 앞에서 제사장들이 강물에 발을 디뎠을 때 비로소 물이 갈라졌습니다. 이것이 바로 도전입니다.

그다음은 창의력, 창조력입니다. 모든 리더는 계속해서 학습을 해 나가는데, 우리나라 리더는 전반적으로 창의능력이 부족한 것 같습니다. 교회 공동체를 예로 들어서 살펴봅시다. 왜 교회가 회복되지 못하고 자꾸 무너져 갑니까? 한국 교회가 후퇴하고 회복하지 못하는 결정적인 단초가 모방이라고 생각합니다. 소위, 성공했다고 여기는 교회를 모방만 하고 있기 때문입니다. 그 교회의 목회자의 패턴과 목회철학과 프로그램을 그대로 가져옵니다. 이렇게 해서는 각 교회 리더만의 창의성이 드러나지 않습니다.

지난 20년을 뒤돌아보면, 2000년을 전후로 해서 한국 교회에 수많은 모형 교회가 나타났습니다. 소그룹 사역의 모형 교회, 전도의 모형 교회, 제자 훈련의 모형 교회가 생겨났습니다. 그 이후에는 새로운 교회가 생겨나지 않았습니다. 모방해서 안주해 버렸기 때문에 창의력이 사라졌습니다. 그러므로 교회가 회복되기 위해서는 목회자와 교회 구성원의 창의력이 필요합니다.

마지막 힘은 협력입니다. 그릇이 작은 사람은 남들과 함께하지 못합니다. 안타깝게도 유독 개신교회가 지역교회 간에, 그리고 각 교회 성도 간에 서로 협력을 하지 못한다는 말을 듣고 있습니다. 교회의 지체들 사이에 협력은 세상의 본이 되어야 합니다. 그러나 혹시 내 것을 빼앗기지 않을까, 내 영역을 침범하지는 않을까, 나보다 앞서가지는 않을까 하는 두려움에 협력을 꺼립니다.

협력은 모두의 그릇을 키워주는 놀라운 힘입니다. 한국 교회의 리더들이 협력의 힘을 키워서 좋은, 위대한, 그리고 탁월한 리더가 될 때 교회도 회복을 시작할 수 있을 것입니다.

결국 리더는 원리와 그 원리에 따른 실행 원칙을 가지고 지속적인 관리와 지속적인 변화와 혁신을 도모하는 사람입니다. 이 장에서 제시한 3·3·3 전략의 아홉 가지를 노트에 써 보고, 내가 어떻게 이것을 실행할지를 생각하고 기록한 후 실제로 그대로 실천하십시오.

계획(plan)에서 실행(doing)까지 진행될 때 우리는 그 계획을 살아 있는 것이라고 규정합니다. 그 이후에는 지속적으로 그 원리와 원칙을 관리해 나가십시오. 관리를 통해 변화와 혁신을 도모할 수 있습니다. 이렇게 하는 리더를 우리는 탁월한 리더라고 말합니다.

여러분의 그릇을 키우십시오. 그릇의 차이가 공동체의

차이를 만듭니다. 여러분의 공동체를 키우고 싶다면 먼저 리더인 여러분 자신을 키우십시오. 리더의 크기가 공동체의 크기를 결정합니다. 리더의 그릇을 키우지 않으면 공동체도 클 수 없습니다. 3·3·3 전략을 가지고 지속적인 계획과 그에 따른 실천을 통해 모든 공동체의 크기가 커지고, 날마다 성숙과 성장이 나타나기를 바랍니다.

6장

리더의 고집

 고집스러운 리더십은 좋은 것일까요, 나쁜 것일까요?

여기에서 말하는 고집은 안하무인, 즉 교만하여 다른 사람을 업신여기는 태도가 아닙니다. 또 '나는 옳고 다른 사람은 틀렸다'도 아닙니다. 리더가 자신만의 방식을 고집하는 것은 일반적으로 생각하는 고집과는 다른 개념입니다. 하나님께서 그에게 부여하신 방식을 고집하며 개발하고 잘 다듬어서 그 방식으로 이끌어 가는 리더십을 말합니다.

만약 리더가 여러 가지 방법을 모방해서 공동체를 이끌어 간다면 그는 계속 세컨드 리더(second leader)에 머물 수밖에 없습니다. 탑 리더(top leader)는 모방을 뛰어넘습니다. 모델링은 학습의 기회이지 모델의 방식 그대로가 자신의 리더십이 되어서는 안 됩니다.

예를 들어, A기업을 우리 회사의 모델로 삼았다고 합시다. 그러면 모델링 자체는 우리의 학습이 되는 것이지 그 기업의 리더십을 우리 회사에 그대로 재현할 수는 없습니다. 왜냐하면 하나님께서는 우리 각자를 고유한 존재로 만드셨기 때문입니다. 기업이든 교회든 사람이든 제각각 다릅니다. 그러므로 좋은 방법을 서로 배워서 적용할 수는 있지만 똑같아질 수는 없고, 또 그래서도 안 됩니다. 좋은 모델을 학습하며 자신의 방식을 만들어 그 대상을 뛰어넘는 것, 그것이 고집스러운 리더십입니다.

그런데 그런 리더십은 그러한 리더가 되겠다고 다짐한다고 해서 생기는 것이 아닙니다. 리더가 기초 역량을 갖추면 자연스럽게 자신만의 리더십을 소유하게 됩니다. 하나님께서 각각 은사와 사명과 창조성을 부여하셨기 때문입니다.

그렇다면 리더가 가져야 할 기초 역량은 무엇일까요? 자기 업무를 파악하고 해석하는 역량, 그것을 구성원의 업무에도 적용시키는 역량, 자기 학습 역량, 인간관계 역량, 지식 함양 역량, 공동체 경영 역량, 조직화·구조화·체계화·설득력·동기 부여 역량, 사람을 세우는 역량, 행동력 등입니다. 이런 기초 역량을 구비해 가야 합니다.

이런 기초 역량과 함께 리더의 기본적인 리더십도 구축해 가야 합니다. 모든 리더들은 어떤 공동체를 이끌어 갈 때 공동체의 색깔과 관계없이 기본적인 다섯 가지 요소를 구비하고 있어야 하며, 그 요소를 적절하게 설명할 수 있어야 합니다.

리더가 갖춰야 되는 리더십의 구성 요소 다섯 가지 기본은 비전(Vision), 목표 설정(Goal Setting), 전략(Strategy), 동기 부여(Motivation), 그리고 실행(Movement)입니다. 이것이 가장 기본입니다.

리더는 누구를 만나든지 공동체 속에서 언제나 비전을 만들어 내는 사람(visionary)입니다. 늘 비전을 제시하는 사람이 리더입니다. 관리자라도 비전을 제시한다면 그가 리더(leader)입니다. 리더의 자리에 있으면서도 현 상황과 체계를 유지하고만 있다면, 죄송하지만 그 사람은 리더가 아니라 관리자(manager)일 뿐입니다.

리더와 관리자의 차이는 비전에서 시작됩니다. 관리자는 리더가 제시한 비전을 어떻게 실행시킬지만 고민하고 생각합니다. 그러나 리더는 계속해서 비전을 탐구하고 새로운 것을 시도해 봅니다. 그리고 주변 사람들에게 목표를 제시합니다. 비전을 이루기 위해서 어떤 목표를 설정하고 진행해야 하는가를 계속 고민하고 연구하는 것이지요. 비전과 목표를 이룰 수 있는 'How to'를 계속 고민하고 연구합니다.

군대를 예로 들겠습니다. 최전방에 서 있는 부대원들은 목표를 향해서 갑니다. 무작정 가는 것이 아니라 왜 가야 하는지 동기 부여를 받고 갑니다. 왜 가야 하는지 동기 부여(motivation)를 받고, 실행(movement)으로 옮깁니다. 그들이 동기 부여를 받고 실행하는 데 필요한 전략(strategy)은 후방에서 사단장과 참모들이 모여서 함께 짭니다. 이때 전략은 비전(Vision)을 목표로 합니다. 상급 부대에서 비전을 제시합니다. 비전을 목표로 전략을 짜는 사람을 우리는 리더라고 부릅니다.

여러분은 지금 리더입니까, 관리자입니까? 리더는 비전을 제시할 뿐 아니라 자기만의 방식으로 공동체를 이끄는 고집이 있어야 합니다. 자신만의 방식으로 공동체를 이끄는 리더들은 자기만의 리더십을 가지고 있다는 말이기도 합니다.

그러므로 여러분도 자기만의 리더십을 찾아 구비해야 합니다. **그러기 위해서는 첫째로, 자기를 알아야 합니다.** '나는 어떤 사람인가?', '나는 무엇을 좋아하고 무엇을 추구해 가는가?' 등의 질문을 통해 자기 성향과 자기 역량 평가, 자기의 실력과 자기의 능력을 점검해 볼 필요가 있는 것입니다.

우리는 힘을 말할 때 능력, 역량, 실력 등 여러 가지 단어로 표현합니다. 왜 똑같이 '힘'이라고 쓰지 않고 다른 말로 표현할까요? 리더의 자기 인식을 이야기하면서, 정의를 내리는 일이 중요하다고 했습니다. 내가 쓰는 언어의 정의가 명확할 때 자기 인식이 분명하게 되기 때문입니다. 그래서 힘을 표현하는 여러 단어에 대해서도 정의를 내리는 것이 도움이 됩니다.

'역량'은 결과를 창출할 수 있는 힘입니다. 결과를 만들어 내는 힘을 보고 우리는 '역량'이라고 합니다. 그러면 '실력'은 뭘까요? 결과를 이끌어 내는 실제적인 능력, 결과를 만들어 내는 동인입니다. 결과를 잘 도출하는 사람을 보고 우리는 '실력이 있다'라고 말합니다. '능력'은 모든 상황과 어려움 속에서 그것을 이겨 낼 수 있는 힘을 말합니다.

그렇다면 '권능'은 또 뭘까요? 위로부터 주시는 힘, 권위로서의 힘을 발휘하는 것입니다. 권세는 영어로 'Authority'입니다. 권위자가 가지고 있는 힘을 권세라고 합니다. 성경은 예수님께는 권위가 아니라 권세가 있었다고 표현합니다.

이렇게 정의를 내리고 명확하게 아는 것이 중요합니다. 자기만의 리더십을 만들기 위해서는 지금 나에게 어떤 힘이 필요한지를 명확하게 구분하고 판단하는 것처럼 먼저 자신을 알아야 합니다.

두 번째로, 자기 분석을 도모해야 합니다. 내가 어떤 상태이고, 내 감정과 약점은 무엇인지, 내가 고치지 않으면 안 되는 위협적인 요소가 무엇인지를 면밀하게 살펴보는 것입니다. 한마디로 나를 해부하는 것이지요.

그리고 세 번째로, 자존감을 세워야 합니다. 자존감이 무엇입니까? 자기를 존중히 여기는 능력입니다. 바꾸어 말하면 나를 함부로 대하지 않는 것, 나를 하찮게 여기지 않는 것을 말합니다. 자존감은 교만과는 다릅니다. 하나님께서 나를 이런 모습으로 만들어 주시고 세워 주신 것을 존중하는 능력이 바로 자존감입니다.

네 번째로, 자신만의 스타일을 가져야 합니다. 제가 전에 어떤 교회의 부흥회에 초청받아 인도하러 간 적이 있습니다. 평신도 신앙대회라는 이름의 부흥회였습니다. 그 교회의 평신도 리더 한 분이 조금 늦은 시간에 교회에 왔는데 제가 설교를 시작한 후에 도착했습니다. 그 리더는 제 설교를 듣고는 우리나라의 유명한 목회자 음색을 닮은 것 같아서 그분이 오셨나 잠시 착각했다고 말했습니다. 유명한 사람을 닮았다는 말이 좋기도 했지만 한편으로는 무척 씁쓸했습니다. 저는 저만의 스타일을 만들고 싶기 때문에 누구를 닮았다고 하는 말이 썩 유쾌하지만은 않습니다.

여러분은 어떻습니까? 훌륭한 사람을 닮았다는 말을 들으면 기분이 참 좋습니다. 그런데 진정한 리더는 닮았다는 말보다 개성이 있다는 말에 더 기뻐해야 합니다. 아무리 유사하더라도 자기만의 고유한 색깔을 가지고 살아갈 때 비로소 진정한 리더가 되는 것입니다. 그러므로 여러분, 타인의 방식을 벗어나십시오. 모델을 삼을 만한 사람이나 훌륭한 공동체를 배우고 참고하되, 무작정 그 모습을 따라가지는 말아야 합니다. 자존심을 지키라는 말입니다. 모델이 아무리 좋아도 조금이라도 자기만의 스타일로 바꾸려는 노력을 해야 합니다.

아마 이 책도 많은 사람들이 읽고 사용할 것입니다. 어디서든 적극적으로 활용하십시오. 그러나 그대로 쓰면 안 됩니다. 저작권에 위반되기도 하거니와 여러분의 자존감을 상하게 하는 일이 됩니다.

여러분의 것을 가미해서 여러분만의 리더십 교육으로 만들어 가십시오. 그렇게 해야 진정한 내 것이 되고, 그런 사람을 리더라 할 수 있습니다. 모방하는 것을 넘어서서 자신만의 독창적인 리더십을 만들어 가는 리더가 되시기를 바랍니다.

우리는 앞서가는 사람들을 보고 배워야 합니다. 그리고 그 모방을 딛고 일어나야 합니다. 앞서가는 사람들처럼 살아가려고 하지 말고, 그들의 철학과 삶의 원리를 익혀서 내 방식으로 만들어야 합니다. 남의 것만 가지고는 결코 발전도 혁신도 일어나지 않습니다. 고집스러운 리더는 자기만의 방식을 만들어 고수합니다.

지금은 우리나라에도 글로벌 기업들이 꽤 많은데, 이 기업들이 초반에 어디에서 기술과 경영을 배웠는 줄 아십니까? 일본입니다. 우리나라 기업은 대부분 일본을 모방했습니다. 제가 직장 생활을 하던 1980년대만 해도 한국의 엔지니어는 대부분 일본의 기술자들이었습니다. 우리나라 기술자들이 그들에게서 배운 것이지요.

그런데 당시에 일본 기술자들은 일하러 와서도 실질적인 기술과 노하우는 가르쳐 주지 않고 자기들이 직접 처리했습니다. 기술을 가르쳐 주지 않으니 우리는 계속 저작권료(royalty)를 지불하고 그들에게 의존해야 했습니다. 그러던 것을 우리나라 기술자들이 드디어는 그것을 박차고 일어나 독자적인 기술을 개발하였습니다. 그리고 오늘의 글로벌 기업이 되었습니다.

이처럼 우리가 정말 발전하고 성숙해 가기 위해서는 지금 선배들이 깔아 놓은 것을 딛고 일어서야 합니다. 그럴 때 비로소 진정한 리더가 되어 가는 것입니다.

자기만의 방식으로 공동체를 이끄는 고집스러운 리더가 되기 위해서는 자기만의 원리와 원칙을 형성하는 것이 정말로 중요하고 필요합니다. 모델, 즉 본받을 사람을 무시하라는 말이 아닙니다. 반복되는 말이지만, 그들로부터 기본적인 원리를 얻고, 원칙을 가지고 그 위에 자신만의 리더십을 새롭게 세우라는 말입니다. 모델의 삶과 인격, 일에 임하는 자세와 원리들을 충분히 익히고, 그 후에 자기 분석을 통해 나만이 가지는 고유한 원리를 창출해야 합니다.

이 책 역시 선배들이 연구하고 공부한 리더십에 큰 신세를 졌습니다. 선배들이 연구한 리더십 위에 제 고유의 연구를 세워 만든 것입니다. 이 다음 후배들은 제가 올린 것 위에 또 새로운 것을 올려서 자신만의 리더십 연구를 구축하겠지요. 그것이 성장이고 성숙입니다. 아무것도 없는 황무지에서 무작정 성장하고 성숙하는 것이 아닙니다. 현재를 딛고 더 나은 것을 세워야 합니다.

지금 중국이 산업 발전에 박차를 가하고 있습니다. 우리는 일본을 모방했는데, 중국은 우리를 벤치마킹하고 있습니다. 다만 중국의 경우 이 과정을 매우 비윤리적으로 진행하고 있습니다. 우리의 기술을 훔쳐가기도 하고, 우리 문화까지 자기네 것이라고 우깁니다. 그렇게 한국의 기술을 가지고 가서 첨단산업을 엄청나게 발전시키고 있습니다. 어느 날 갑자기 D램이 생기지 않습니다. 이전 버전의 반도체 기술 위에 새 기술이 더해질 때 발전된 제품이 나옵니다. 리더십도 마찬가지입니다.

지금까지 이야기한 내용과 과정이 내면화되어야 비로소 자기만의 리더십이 나옵니다.

이제 자기의 이미지를 정리해 보십시오. '나는 어떤 리더십을 가지고 있는가?' '나의 리더십은 어떤 이미지인가?' 다음의 열 가지 이미지는 어느 하나를 선택하라는 뜻이 아니라 리더라면 전부 구비해야 하는 것들입니다.

1) 카리스마	6) 지성
2) 섬김	7) 역동
3) 코칭	8) 감성
4) 인격	9) 목자
5) 혁신	10) 경영

여러분은 위의 영역 가운데 어떤 이미지가 가장 강한 리더입니까? 열 가지 다 구비했다고 모두 동일한 비중인 리더는 없습니다. 이중에서 특히 두드러진 이미지가 각 리더의 대표적인 이미지를 만듭니다. 목회컨설팅연구소 소장으로서 제가 바라는 것은, 여러분이 통전적 리더십을 가지되 상황에 따라서 리더십을 적재적소에 발휘할 수 있는 역량을 구비하는 것입니다.

마지막으로, 자신만의 방식으로 공동체를 이끄는 고집스러운 리더십을 구축하기 위해서는 자신을 피드백해야

합니다. 제가 이 책에서 계속해서 언급하는 것 중에 하나가 피드백입니다. 멘토를 두라, 피드백을 받으라고 반복해서 말씀드렸습니다. 과하다 싶을 만큼 반복하는 이유는 그만큼 강조하고 싶기 때문입니다.

피드백은 자기를 객관화하는 것입니다. 리더는 자기를 객관화하여 지속적으로 모니터링을 할 수 있어야 합니다. 자기를 오픈하고 객관화시켜야 합니다. 그럴수록 자신만의 고유한 리더십을 만들어 갈 수가 있습니다.

7장

리더의 성실

이 장에서는 좀 가벼운 이야기를 하려 합니다. 리더들이 갖춰야 하는 여러 덕목들 가운데 대단히 중요한 덕목 하나를 여러분과 함께 상고할 텐데, 그 덕목은 바로 '성실함'입니다. 여러분, 성실한 리더가 공동체를 살립니다. 아니, 공동체를 키워 갑니다. 성실한 리더는 반드시 성공한다고 말해도 과언이 아닐 것입니다.

성공이란 하나님께서 우리 각자에게 맡겨 주신 사명을 완성하는 것입니다. 저는 여러분 모두가 성공적인 사역, 정말 후회하지 않고 부끄럽지 않은 성공적인 인생이 되기를 바랍니다.

그러면 성실한 리더란 어떤 사람일까요? 또 어떻게 행하는 것이 성실한 것일까요?

리더는 부지런히 움직입니다. 부지런한 것과 분주한 것은 다르다고 앞에서 이미 말씀드렸습니다. 분주하다는 것은 자기가 하는 일에서 우선순위가 없다는 뜻입니다. 이것저것 굉장히 바빠 보이는 모습을 우리는 분주하다고 합니다. 그러나 바쁜 가운데 질서가 있고, 우선순위가 있고, 체계가 있어 어떤 성과를 향해 가는 사람을 우리는 부지런하다고 말합니다.

성실하다는 것은 열심이 있는 것과도 다릅니다. 열심이란 온 정성을 다해 그 일을 하는 것입니다. 열심히 하는데도 결과가 나지 않을 때가 있습니다. 왜 그럴까요? 그 열심은 '성실하지 않은 열심'이기 때문입니다. 열심이 있어도 성실이 보장되지 않으면 결과도 보장되지 않습니다. 그러므로 리더로서 성공하고 싶다면, 성실이 무엇인지, 부족한 성실은 무엇인지 고민하는 노력이 있어야 할 것입니다.

대기업이 가장 많이 쓰는 인재상 키워드 Top 5

- 성실성 10.2%
- 고객지향성 9.8%
- 열정 9.7%
- 목표의식 7.4%
- 책임감 7.1%

CEO에게 / 일반직원에게
가장 중요한 인성 요소는 무엇입니까?

CEO에게		일반직원에게	
도덕성	50.8%	46.5%	성실성
친화성	19.7%	29.2%	협동성
성실성	12.7%	15.1%	도덕성
협동성	6.4%	6.1%	친화성
봉사성	2.3%	0.9%	봉사성

리더의 열 가지 덕목 중에서 우선순위에 있는 것이 바로 성실함이라고 한국경제신문에서 발표했습니다. 저는 직업상 많은 리더를 만나고 컨설팅을 합니다. 실제로 성실한 리더들이 결국은 결과를 얻는 것을 많이 보았습니다.

그러면 성실하려면 어떻게 해야 할까요? 성실하기 위해서는 네 가지 요소가 필요합니다. 일관성, 지속성, 자기 통제력, 시간 투자입니다.

첫째, 어떤 일을 하든지 일관성이 필요합니다. 우리가 언제 좌충우돌합니까? 좌충우돌하며 일해도 열심히 일하는 것이기는 합니다. 매우 분주하고 바빠 보입니다. 그러나 좌로도 우로도 충돌할 만큼 이런 일도 하고 저런 일도 하는, 한마디로 일관성 없이 일한다는 뜻입니다. 이렇게 일해서는 결과가 나오지 않습니다. 일관성을 갖는다는 것은 초점을 명확하게 하고 집중력을 발휘한다는 의미이기도 합니다.

둘째, 지속성도 필요합니다. 얼핏 보기에 지속성은 일관성과 비슷해 보이지만 다릅니다. 일관성은 한 방향으로 꾸준하게 가는 것이고, 지속성은 어떤 일을 행할 때 환경이나 여러 가지 장애에도 불구하고 꿋꿋하게 진행해 나가는 것을 말합니다.

셋째, 성실한 사람은 지독하리만큼 자기 통제력이 뛰어납니다. 성령의 아홉 가지 열매 중에 하나가 '절제'인데 자기를 다스리는 능력(self control)을 말합니다. 이것을 확대하면 자기 경영이라고 할 수 있습니다. 성실한 사람은 자기 경영을 소홀하게 여기지 않습니다.

넷째, 성실한 사람이 되려면 상당한 시간을 투자해야 합니다. 반복해서 훈련해야 한다는 말입니다. 자기 시간을 투자해서 반복적으로 학습하여 그것이 습관이 되어야 합니다. 이 책은 처음에 '하루 30분 루틴' 이야기로 시작했습니다. 30분 동안의 루틴을 6개월 동안 계속적으로 반복하기 위해서는 무엇이 필요할까요? 시간 투자가 있어야 합니다.

지금 이 시대는 성실한 리더를 세 가지로 얘기합니다. 지혜로운 성실, 게으른 성실, 그리고 성과를 이루는 성실입니다. 이 중에서 한 가지만 있어도 되고 두 가지가 없어도 되는가 하면 그렇지 않습니다.

지혜로운 성실이란, 똑같이 주어진 시간 속에서도 시간을 체계적·단계적으로 잘 관리해서 남들보다 더 효율적으로 잘 쓴다는 것입니다. 게으른 성실이란, 리더 자신은 본질에 집중하고 비본질은 많은 조력자에게 위임하고 위탁하여 함께하는 것을 말합니다.

마지막으로 성과를 이루는 성실은, 사역이든 사업이든 그 일의 결과가 리더의 성실도를 판가름한다는 뜻입니다. 이것이 꼭 정답은 아닙니다. 그러나 과정에 성실했다면 결과도 반드시 반영되기 마련입니다.

이런 성실한 리더가 되려면 어떻게 살아야 할까요? 지혜로운 성실, 게으른 성실, 성과를 이루는 성실을 모두 구비한 리더가 되려면 어떻게 해야 할까요?

첫째로, 실력을 갖추어야 합니다. 학력보다도 실력이 중요한 시대가 되었습니다. 요즘은 사람을 채용할 때 학벌을 블라인드 처리하는 곳이 늘어나고 있습니다. 학벌이 점점 의미가 없어진다는 말입니다. 물론 지금도 명문 대학 출신자들을 찾는 경우가 많기는 합니다. 실력을 갖추었음이 검증되었다고 생각하기 때문입니다. 그러나 명문 학교를 나오지 않더라도 실력을 갖출 수 있습니다. 학력이나 학벌보다 실력을, 갖추는 것이 중요합니다.

둘째로 언행일치의 성과를 창출해야 합니다. 성실한 사람은 반드시 성과가 나온다고 얘기했습니다. 그 이유가 여기에 있습니다. '성실'이라는 단어의 한문은 말씀 언 변에 이룰 성자가 모인 誠, 그리고 열매 實입니다. 이것을 풀어서 말하면 내가 말한 것을 이루어서 열매가 맺어진다는 것입니다. 성실하면 결국은 열매가 맺힙니다.

셋째로, 정리 정돈을 잘해야 합니다. 저는 어디를 가든 사무실에 들어가 보면 성실한 사람과 그렇지 못한 사람을 금방 구별할 수 있습니다. 책상 정리 정돈이 잘 되어 있는 사람은 성실한 사람입니다. 눈에 보이는 곳이든 보이지 않는 책상 서랍이든 항상 질서정연하게 정리하는 일은 매우 중요합니다. 군대에 다녀온 분은 내무반 생활에서 무엇이 가장 중요한지 알 것입니다. 바로 정리 정돈입니다. 정리 정돈을 반복해서 잘하는 일을 통해 성실한 군인이 될 수 있습니다.

제 주변에는 자신의 생각을 매일같이 정리해서 평생 감사일기를 쓰는 사람이 있습니다. 성실한 사람의 증표 중 하나가 일기를 쓰는 것입니다. 자기의 생각을 매일 정리하는 사람은 성실한 사람이 틀림없습니다.

디톡스라는 요법이 있습니다. 해독 요법입니다. 디톡스는 몸에만 필요한 것이 아니라 우리 환경에도 필요합니다. 책상, 책장, 그리고 차량을 정리하되, 몰아서 하는 것이 아니라 수시로 정리하는 디톡스가 필요합니다. 이렇게 정리정돈이 중요하다고 강조하는 이유는, 정리를 잘하는 사람은 우선순위가 명확하기 때문입니다. 해야 할 일을 우선순위대로 기록해 놓고 하나씩 처리해 가는 사람이 있습니다. 이런 사람들은 매우 성실한 사람입니다.

넷째로, 시간을 줄여야 합니다. 시간을 반으로 줄인다, 이 말은 곧 마감 시간을 당긴다는 것입니다. 저는 개인적으로 이 훈련들을 오래 전부터 해왔습니다. 다음 날 해야 할 일들을 하루 전날에 메모합니다. 늦어도 당일 새벽에는 메모를 하고 우선순위를 정합니다. 그리고 이른 시간에 동역자들이 출근하기 전에 외부 스케줄이 아니라 혼자서 처리할 수 있는 일은 다 끝냅니다. 시간을 반으로 줄일 수 있습니다. 그러면 오후에는 시간이 여유로워서 다른 일을 처리하고 정리할 수 있습니다. 이것이 제가 실천하고 있는 우선순위 훈련 중 하나입니다.

때로는 정말 하기 싫은 일도 있을 것입니다. 저 역시 그랬습니다. 그렇더라도 뒤로 빼거나 가볍게 여기지 않고 오히려 먼저 처리하는 것이 성실한 사람들이 살아가는 삶의 모양입니다.

다섯째로, 정직하게 사는 것입니다. 하루를 살아도 또 홀로 있을 때에도 자신에게 정직하게 살아갈 때 우리는 성실할 수 있습니다. 혼자 있고 아무도 없는 것 같아도 하나님은 우리를 보고 계시므로 정직하고 성실하게 살아야 한다는 뜻입니다. 혼자 있어도, 아무도 지켜보지 않아도 하루의 삶을 정직하게, 소홀함이 없이 살아가야 합니다.

성실한 리더가 공동체를 살립니다. 여러분 모두 성실한 리더로서 하나님 앞에서도, 내가 리더로 있는 공동체 구성원 앞에서도 성실한 사람이 되기를 바랍니다.

8장

리더의 철학

탁월한 리더들은 어떤 신념과 철학의 기반 위에 공동체를 이끌어 갑니다. 그러므로 좋은 리더에게 철학이란 무엇이고, 어떻게 철학으로 인도하며, 철학을 기반으로 해서 무엇을 할 것인지를 생각해 봐야 합니다.

철학적 경영이라고 하면 애플의 스티브 잡스를 떠올리는 사람이 많을 것입니다. 철학으로 리드하는 리더는 스티브 잡스처럼 스스로 질문하고 답을 내릴 수 있어야 합니다.

철학으로 리드(Lead)하는 리더(Leader)

Consumer	Pro
Desktop	Portable

➡ Steve Jobs
1955-2011

스티브 잡스는 직원들을 불러놓고, 화이트보드 위에 박스 네 개를 그린 후 각각의 박스에 단어를 썼습니다. 그러고는 "이 네 가지를 함축하고 이것을 해결할 수 있는 물건을 만드십시오"라고 했습니다. 이 말을 풀면 다음과 같을 것입니다.

'우리 기업이 만들어야 할 제품은 어떤 것인가? 소비자에게 최고로 좋은 것은 무엇일까? 프로들에게는 무엇이 필요한가? 또 책상 위에 모든 애플의 제품이 한 개씩 주어진다면 어떤 사양을 두면 좋겠느냐? 그리고 언제나 손에 들고 다니면서 어디든 자유롭게 갈 수 있으며 그곳에서 필요로 하는 것은 무엇일까? 그것을 만들어.'

그는 이것이 회사의 핵심이라고 강조했습니다. 지금도 애플은 네 가지 철학에 근거해서 네 가지 구성요소를 맞추기 위하여 노력하고 연구하며 새로운 제품들을 끊임없이 발굴해 내고 있습니다.

철학으로 리드하는 리더들은 스스로에게 '나는 무엇을 행할 것인가? 그리고 어떻게 그것을 해결해 갈 것인가? 나는 언제까지 이것을 끝낼 것인가?' 하는 질문을 던지고 답을 내릴 수 있어야 합니다. 또한 이 세 가지를 머릿속에만 담아 두는 것이 아니라 염두에 두고 실천으로 옮기도록 실행해야 합니다.

What? → **Doing**
How? → **Strategy**
When? → **Dead Line**

철학은 어렵고 형이상학적인 이념이 아닙니다. 무엇을, 어떻게, 언제라는 질문을 함축해서 행동하기 위한 고민이 바로 철학입니다. 우리가 리더로서 공동체 조직을 리드할 때 근거로 삼고 중심으로 삼는 그것이 바로 기업 철학입니다. 아무 생각 없이 자신을 따르라고 할 수 있는 리더는 없을 것입니다.

이런 맥락에서 철학을 정의한다면 철학이란 '세계와 인간에 대하여 가장 근본적인 문제들을 이성적으로 탐구하는 것, 그래서 근본적으로 반성하는 것'입니다. 철학은 단순히 인간이란 무엇인가를 사고하고 혁신을 고민하는 범주가 아닙니다. 우리가 철학을 기반으로 리드한다고 할 때의 철학은, 세계와 인간에 대한 가장 근본적인 질문들을 우리가 논리적으로 이성적으로 탐구해 간다는 개념입니다.

따라서 철학적 사고를 가진 리더는 근본적인 반성으로부터 출발할 수밖에 없습니다. '어떻게 개선할까?', '이것보다 더 낫게 할 수는 없을까?' 항상 현재를 묻습니다. 그리고 문제를 인식합니다. 문제를 바라볼 수 있는 눈을 가져야 철학적 사람이라고 이야기할 수 있습니다. 여러분 역시 이런 철학으로 이끌어 가는 리더가 되어야 합니다.

그렇다면 철학으로 이끌어 가는 리더들의 다섯 가지 근원적인 철학은 무엇일까요?

첫째, **집중력**(Concentration)**입니다**. 저도 스티브 잡스처럼 네 개의 박스를 그렸습니다. 교회 공동체든 회사 공동체든 지역 공동체든 이 영역을 고민해야 합니다.

Growth (성장)	Maturity (성숙)
Management (공동체 경영)	Relation (하나님, 이웃과의 관계)

스티브 잡스는 네 가지의 철학을 기록해 두고, 네 군데 모두 어떻게 할 것인지를 열 가지씩 기록하게 했습니다. 그

다음에 하나씩 제거하여 세 개를 남기고, 남은 세 개에 우선순위를 매겼습니다. 그리고 순서대로 실행해 갔습니다. 이것이 스티브 잡스가 오늘의 애플을 만들어 낸, 철학을 기반으로 하는 리더십이었습니다. 다 지우고 우선순위를 매길 만한 것만 남겨서 거기에 집중하겠다는 것입니다.

둘째, 성숙(Maturity)을 도모하는 것입니다. 우리는 성장과 성숙을 구별해야 합니다. 교회를 예로 든다면, 성장은 기능적인 목회입니다. 교회를 성장시키려면 기능적으로 전도를 하거나, 지역사회를 섬기거나, 예배에 역동성을 더하거나, 교육과 훈련을 해서 교회적 기능이 원활하도록 세팅해야 합니다. 그렇게 할 때 우리는 성장을 도모할 수 있습니다.

그런데 성숙은 좀 다릅니다. 교회 조직과 프로그램이 기능적으로 움직이고 거기에 참여한다고 해서 그 사람이 성숙해지는 것은 아닙니다. '성숙'은 사람에게 집중해서 그 사람의 필요(needs)를 파악하고 그 사람의 잠재력을 계발하여, 하나님이 본래 이 땅에 가졌던 목적과 비전을 알고 그것을 따라 살아가도록 도울 때 일어납니다. 그가 변화하는 모습을 보며 '성숙해 간다'고 합니다.

셋째, 완벽(Perfection)을 추구해야 합니다. 물론 세상에는 완벽한 자가 없습니다. 완전한 사람도 없습니다. 그렇지만 완벽을 추구해 갈 수는 있습니다. 적당히 대충 일하면서 시간을 보내지 말고, 어떻게 하면 약점과 부족한 점을 보완하여 보다 더 완벽해질 수 있을 것인가를 도모해야 합니다. 그러는 동안에 거기에서 성장과 성숙이 일어나고 집중력도 발생할 것입니다.

넷째, 대면하는 것(Face to Face)**입니다.** 교회를 예로 들면 교회는 하나님과 우리가 대면하는 곳입니다. 성도들과 목회자가 대면하는 곳입니다. 성도와 성도가 대면하는 곳입니다. 대면하는 것은 교회 밖에서도 마찬가지입니다. 대면하지 않고는 서로를 파악할 수 없습니다. 관계성을 키워가지도 못합니다.

안타깝게도 지금은 코로나19 때문에 대면하지 못하고 있습니다. 그렇더라도 실망하고 손 놓고 있을 것이 아니라 다른 방법을 모색해야 합니다. 직접 대면은 못하더라도 요즘은 좋은 앱이나 프로그램이 많으므로 온라인으로라도 대면할 수 있습니다. 여러분도 실행해 보셨으면 좋겠습니다.

다섯째, 단순화하라(Simplify)**는 것입니다.** 구글이나 애플을 보면, 얼마나 심플한지 모릅니다. 여러분도 사역이든 사업이든 직장 생활이든 공부든 단순화해야 합니다. 단순화는 정돈을 필요로 합니다. 우리의 시간을 포함해서 모든 것들을 단순화하는 작업이야말로 이 시대를 이끌어 가는 리더들의 마땅한 리더십이라고 확신합니다.

이상 말씀드린 다섯 가지 근본적인 철학은 개별적인 것이 아닙니다. 다섯 가지 모두 연결되어 있고 상호 보완의 관계입니다. 집중하는 사람은 반드시 성장과 성숙을 도모해 내며, 집중하면 완벽을 추구해 갈 수가 있습니다.

그런데 혼자서는 완벽할 수 없습니다. 모든 공동체와 조직에는 여러 역할이 있고 각각 해야 할 일이 다릅니다. 그 모든 영역을 완벽하게 해내는 개인은 없습니다.

그러므로 리더는 동역자를 세워야 합니다. 여러분에게 브리스길라와 아굴라가 있습니까? 여러분 주변에 디모데가 있습니까? 오네시모는요? 빌레몬은 있습니까? 두기고가 있습니까? 이들은 각기 다른 역할을 감당하는 바울의 동역자였습니다. 그러므로 여러분도 다섯 가지 철학을 함께 고민하면서 공동체를 좋은 방향으로 이끌 동역자를 세우시기 바랍니다.

여러분에게 다섯 가지 근원적인 철학의 항목을 말씀드렸습니다. 구체적으로 나에게 적용해서 열 가지씩 써 보고, 줄이고 줄여서 세 가지를 남겨서 우선순위를 정한 다음에 하나씩 실천해 보시기를 바랍니다. 반드시 어제보다 나은 리더십을 가지게 될 것입니다.

9장

리더의 유형

 공공성은 교회만의 이야기가 아닙니다.

플로깅이라는 것을 아십니까? '이삭을 줍는다'는 뜻인 스웨덴어 'plocka upp'(pick up)과 '조깅'(jogging)을 합친 말로, 조깅이나 산책, 자전거 타기, 등산 등 운동을 하는 동안 발견되는 쓰레기를 줍는 것입니다. 대기업도 기부와 나눔을 통해 상생을 도모하고, 정부 차원에서도 복지를 늘려 가고 있습니다.

공공성, 더 나아가 상생은 이미 현대 사회의 키워드가 되었습니다. 동네의 등산 모임조차도 공공성을 가지고 자연, 이웃과 상생을 도모합니다.

공공성이라는 주제는 우리로 하여금 1.0 리더와 2.0 리더와 3.0 리더의 형태를 뛰어넘는 리더의 모습을 요구합니다(p. 85 표 참고). 리더의 모습은 변하고 있고 변해야 합니다. 저는 그것이 혁신이라고 말하고 싶습니다. 리더의 양태가 바뀌어야 한다는 말입니다.

이런 측면에서 볼 때 우리는 어떤 태도, 어떤 모습으로 외부에 드러나느냐를 점검해 볼 필요가 있습니다. 리더는 공동체 구성원들에게 어떤 모습으로 보이는지도 중요하기 때문입니다.

21세기를 살아가는 사람들을 이끌어 가기 위해서 리더는 어떤 태도를 가지며 어떤 모습을 보여야 할까요?

첫째, 사회 변화를 어떻게 바라보는가, 그들의 태도를 어떻게 직면하는가, 어떻게 받아들이고 해석하는가를 통해 리더의 모습을 드러낼 수 있습니다.

둘째, 사람들의 필요에 어떻게 반응하는가를 통해서 리더의 태도를 볼 수 있습니다. 리더의 태도는 성격이 좋다, 태도가 고상하다 하는 인격적 측면의 것이 아닙니다. 리더가 가져야 하는 태도는 사람들의 필요를 어떻게 파악하고 어떤 모습으로 반응하는가입니다. 이런 모습을 통해 21세기형 리더의 모습을 볼 수 있습니다.

셋째, 리더는 공동체 구성원들이 어떤 모습으로 살아가야 하는가에도 민감하게 반응해야 합니다. 그러기 위해서는 리더가 먼저 그 삶으로 구성원들에게 모본이 되어야 합니다. "누구든지 네 연소함을 업신여기지 못하게 하고 오직 말과 행실과 사랑과 믿음과 정절에 있어서 믿는 자에게 본이 되어 내가 이를 때까지 읽는 것과 권하는 것과 가르치는 것에 전념하라"(딤전 4:12-13)고 바울이 말했습니다.

이것이 저와 여러분에게 적용해야 할 말씀입니다. 리더들은 공동체 구성원들에게 어떤 모습으로 보일 것인가를 고민하고 실천하는 태도를 보여야 합니다.

넷째, 자신을 세워 가는 모습과 그에 대한 반응으로 드러낼 수 있습니다. 리더 스스로 성숙해지고 개발되고 변화해 가는 모습을 구성원에게 나타내는 측면입니다. 여기에서 우리의 태도를 규정해 볼 수 있습니다.

정리하면, 복잡하고 다각적으로 변화되는 사회 속에서 우리가 리더로서 공동체의 변화와 공동체 구성원들의 요구에 어떻게 능동적으로 대응하며 그들의 필요에 어떻게 부합하고 있는지, 그 모습을 삶을 통해 어떻게 보여주고 모범이 되는 삶을 향해 노력하는지, 지속적으로 자신을 세워 가는 노력을 하는지 등이 리더가 가져야 할 태도입니다.

'태도'를 언어적으로 정의한다면 '어떤 상황에 대해 반응하는 것'으로 '무엇에 대한 자세, 사람들의 행동에 대한 마음가짐, 그리고 철저히 타자와의 관계에 대한 반응'입니다. 어디에서든지 리더는 태도가 중요합니다. 어떤 사실을 직면하는 자세, 곧 '그것에 어떻게 대응하는가', '사람들의 반응에 내가 어떤 마음가짐을 갖는가', '타자 중심의 사고구조로 그 관계에 반응하는가' 하는 것이 곧 태도입니다.

4.0 리더는 태도가 좋은 사람이어야 합니다. 철저하게 타자 중심적으로 사고하고 살아가야 합니다. '타자 중심'이란 다른 사람들을 의식한다는 것입니다. 남의 눈을 의식하여 외식하는 지도자가 되라는 것은 물론 아닙니다. 사람들을 인식하고 의식하며 자기를 다듬어 가야 한다는 의미입니다.

"아무도 보지 않을 때 당신은 누구인가?"

무디 목사님이 인격에 대하여 규정을 내린 문장입니다. 타자 중심으로 사고하며 살아가는 리더란 다른 사람을 늘 의식하며 그들에게 본이 되려고 노력하는 사람, 그리고 지속적으로 영향력을 끼치는 삶을 사는 사람입니다. 그러기 위해서는 부단히 노력해야 합니다. 노력하는 리더는 주의 뜻에 복종해 나가는 삶으로 리더십을 보여주어야 합니다.

리더는 철저하게 자신과 타자 중심으로 생각할 뿐 아니

라 그러기 위해서 자신을 관리합니다(self-management). 자기를 위하는 모습이 곧 타자를 위한 것이고, 타인을 위하여 자기를 관리하므로, 그들은 자신과 타자를 위해 스스로를 철저하게 관리해 나갑니다. 그 모습은 구성원들에게 영향력을 끼칩니다. 그것을 알기 때문에 자기 몸을 쳐서 하나님의 뜻에 자신을 복종시켜 나갑니다. 선순환이 일어나는 것이지요. 자신과 타인을 위하여 스스로를 경영해 나가는 사람을 4.0 리더라고 합니다.

계속해서 4.0 리더라는 말을 썼는데, 4.0 리더는 어떤 리더이고, 이전 버전(1.0, 2.0, 3.0)의 리더는 어떤 리더일까요? 시대의 변화에 따라 시대별로 원하는 인재의 상, 리더의 모습은 다릅니다. 계속 변화되어 갑니다. 따라서 리더도 시대가 요구하는 것을 수용하여 변화해야 합니다.

그렇다면 이전 버전의 리더는 지금 세상이 필요로 하는 리더와는 어떻게 다를까요? 시대별 리더의 유형 변화를 알아야 지금 필요로 하는 리더가 어떤 변화를 거쳐서 지금에 이르렀는지 좀 더 명확하게 알 수 있으므로 하나씩 살펴보려고 합니다.

저는 리더를 네 가지 버전으로 구분했습니다. 변화된 모습에 따라 1.0 리더와 2.0 리더, 3.0 리더, 4.0 리더라고 명명하였습니다.

1.0 리더: 개선형 리더	2.0 리더: 혁신형 리더	3.0 리더: 창조형 리더	4.0 리더: 플랫폼형 리더
- 1980년대 리더의 모습 - 근면, 성실, 표준, 모범	- 1990년대 리더의 모습 - 혁신, 도전, 튀는 모습	- 2000년대 리더의 모습 - 디지털형 리더 - 감성적·수평적 사고 - 새로운 접근법 - 시대의 필요 찾기 - 문제 해결 능력	- 2018년에 등장 - 전문성을 기반으로 함 - 다양성과 통전성 - 문제 발견 능력 - 탁월함을 추구

1.0 리더는 '개선형 리더'라고 해서 1980년대 리더의 모습입니다. 이 사람들은 스스로를 계속 갱신합니다. 대단히 근면하고 성실하며 모범적입니다. 어떻게 보면 전형적인 아버지상과 같습니다. 그런 모습에 신뢰를 가지고 리더로서 따르는 것입니다. '저 사람은 참 근면하다. 정말 성실하다. 우리의 표본이다. 우리의 모델이다. 우리의 모범이다.' 이렇게 사회적으로도 윤리적으로도 모범적인 삶을 살아온 사람을 보고 우리는 1.0 리더라고 합니다.

2.0 리더는 '혁신형 리더'라고 이야기합니다. 1990년대 리더의 모습입니다. 1990년대는 우리나라가 GNP 2만 달러를 넘어가고 3만 달러를 향해 가던 때였습니다. 당시는 변화 정도가 아니라 '이노베이션'이라는 영어 단어가 일상에 들

어올 만큼 혁신을 외치고 있었습니다. 벤처 기업을 장려하면서 도전의식도 심어 주었습니다. 그래서 이때부터 튀는 리더가 등장했습니다. 청문회 스타들도 이때 생겼습니다. 사람들이 전반적으로 톡톡 튀는 리더들을 따르기 시작했습니다.

그러면 3.0 리더는 어떤 사람일까요? 우리는 3.0 리더를 '창조형 리더'라고 합니다. 21세기가 필요로 하는 리더의 모습으로 디지털형 리더라고도 합니다. 이전의 수직적 구조나 사고방식은 더 이상 각광받지 못하고, 이때부터 감성적이고 수평적 사고가 등장했습니다. 팀 사역도 이때부터 시작되었습니다. 창조형 리더는 모든 사안에 새로운 접근법을 시도하고 시대의 필요를 잘 찾아냅니다. 문제 해결 능력이 뛰어납니다. 2000년 초반에 여러 나라, 도시들마다 아주 탁월한 리더들이 등장했습니다. 새로운 접근법을 가지고 리더로 부각된 것입니다.

그런데 지금은 3.0 리더의 모습을 뛰어넘어 4.0 리더, 곧 '플랫폼형 리더'로 바뀌었습니다. 4.0 시대부터 10년 단위의 연대가 연간 단위로 급변하기 시작했습니다. 시대의 변화가 이렇게 빨라졌습니다. 안 그래도 변화가 빠른데 코로나로 변화에 가속도까지 붙었습니다. 이렇게 격변하는 사회가 요구하는 리더는 전문적인 리더입니다. 전문성을 기반으로 한 리더가 필요합니다. 전문성이 부족하면 리더로서의 역할을 감당하지 못합니다.

지금 글로벌 기업들을 한번 잘 살펴보십시오. 우리나라의 글로벌 기업은 회사의 어떤 아이템이 역량을 발휘해서 글로벌 기업으로 성장했습니다. 반면 미국에서 전 세계에 영향을 끼치는 소수의 리더들을 보면 한국의 재벌 총수와는 다릅니다. 바로 전문성입니다. 그들은 자기의 기술을 기반으로 하는 전문가로서 CEO나 대표 역할을 감당하고 있습니다.

4.0 리더는 전문가이며, 여기에 다양성과 통전성을 겸비하고 있습니다. 기술적인 플랫폼 위에 기업을 경영하고, 세상을 읽어 내고, 사람들의 필요를 공급하며, 이런 것을 다각화시키는 역량을 가지고 있습니다. 그리고 문제 발견 능력이 뛰어납니다. 3.0 리더와 4.0 리더 모두 21세기의 리더인데, 3.0 리더는 문제 해결 능력이 뛰어나고 4.0 리더는 문제 발견 능력이 뛰어납니다.

과거에는 관리적 리더십으로 문제를 해결하는 기술이 필요했는데, 지금은 문제를 발견해 내는 능력이 필요합니다. 문제점을 찾는 기술이 뛰어나다는 것은, 문제를 정확하게 찾아서 그 문제를 해결하도록 공동체 구성원들에게 동기를 부여한다는 말입니다. 그래서 이들은 지속적으로 탁월함을 추구합니다. 현 체제를 유지하는 것과 탁월함을 추구하는 것은 엄청난 차이가 있습니다.

나는 지금 1.0, 2.0, 3.0, 4.0 리더 유형 가운데 어디에 속하는지를 먼저 점검해 보십시오. 그리고 리더의 지표로 확인하십시오. 그 지표는 앞에서 이야기했던 것처럼 전문성 기반, 다양성과 통전성, 문제 발견 능력, 탁월함 추구 등을 말합니다.

당신은 어떤 유형의 리더입니까? 저는 모든 리더들이 4.0 리더가 되어야 한다고 확신합니다.

10장

4.0 리더

한국 교회가 위기 앞에 서 있다고 다들 이야기합니다. 저는 이 위기가 영성의 문제라기보다 리더십의 문제일 가능성이 높다고 생각합니다. 영성은 하나님을 향하는 성향이라는 전제가 있고, 리더십은 시대적 정황과 청중, 공동체 구성원이 가지고 있는 삶의 양태를 리더들이 해석하고, 각각 해석한 바에 따라 그들을 인도해 간다라는 전제가 있기 때문입니다. 곧 영성은 하나님과 각 개인의 영적 관계의 영역이고, 리더십은 인간과 인간 사이, 리더와 구성원 사이의 관계의 영역이기 때문입니다.

이 장에서는 이 시대에 가장 적합한 리더의 유형이라고 생각하는 4.0 리더에 대해 좀 더 심층적으로 알아보려고 합니다.

지금 우리가 살고 있는 4차 산업혁명 시대에는 4.0 리더가 필요합니다. 급변하는 시대, 팬데믹 시대가 요청하는 리더는 대체로 기존의 틀을 혁신하고 싶어 합니다. 그리고 새로운 사역을 도모합니다. 이들은 전문성을 기본으로 하면서도 다각화와 다양성, 통전성을 겸비한 융합적 역량을 구축해 갑니다. 이미 지구촌에는 수많은 지도자들이 융합적 사고를 가지고 융합적 경영 전략, 융합적 사역을 전개해 가고 있습니다.

이것을 종합하여 4.0 리더가 가지고 있는 다섯 가지 성향이라는 지표를 함께 나누고자 합니다.

전문성을 갖추면서 다양한 부분에 뛰어난 역량을 보여주는 리더, 곧 4.0 리더는 다섯 가지 성향을 가지고 있습니다.

첫째, 좋은 인성입니다. 아무리 기술 중심의 4차 산업혁명 시대에 있다 하더라도 사람 됨됨이가 나쁘면 좋은 리더라고 할 수 없습니다. 그래서 많은 CEO들이 인성 개발 연구과 자기 변화와 수련을 위해 부단히 애를 씁니다.

인성은 심성, 품격, 가치관이 결합된 것입니다. 우리는

'심성이 좋다'는 말을 언제 어떻게 사용할까요? '인간미가 있다, 정서적이다, 예의범절이 분명하다'는 의미로 씁니다. 품격은 '격조 있다, 격이 높다'는 뜻입니다. 마음 씀씀이가 곱고 교양이 있을 때 주로 품격이 있다고 합니다. 그리고 가치관은 삶에서 선택의 기준이 됩니다. 어떤 방향으로 살아갈 것인지 명확하게 이해하고 있을 때 가치관이 분명하다고 말합니다. 훌륭한 리더는 가치관이 뚜렷합니다.

좋은 인성을 갖추려면 감성의 역량도 커야 합니다. 감성은 어떻게 나올까요? 감성적인 사람과 이성적인 사람은 다른데, 감성적인 사람은 스토리가 있습니다. 그래서 요즘은 스토리 중심의 마케팅, 감성을 공략하는 마케팅이 유행입니다.

그리고 논리보다는 직관력이 요구됩니다. 직관은 사물을 꿰뚫어보는 능력입니다. 직관력은 능력인 동시에 감각이기도 합니다. 논리와 이성은 지난 세기의 요구사항입니다. 지금은 직관력과 통찰력이 요구되는 시대입니다.

둘째, 거듭 강조합니다만 전문성을 배제할 수 없습니다. 전문성은 경쟁력을 갖추는 데 있어서 최우선순위입니다. 전문성은 자기 분야에 상당한 지식과 경험이 있다는 의미입니다. 예를 들어, 목회자의 전문성은 무엇일까요? 이 질문에 대개 성경 지식이나 영성 강화, 목회가 전문성이라고 이야기를 합니다. 그러나 그것은 보편적인 역량에 불과합니다. 목회자는 자기 목회의 전체 역량 가운데서 어떤 한 부분에 있어서만큼은 탁월성을 드러내는 사역과 모습과 삶이 있어야 하며, 그것이 시대가 요구하는 전문성입니다. 이런 전문성이 있을 때 비로소 4.0 리더의 면모를 구축한다고 말할 수 있습니다.

예를 들어, 저는 목회 컨설턴트로서의 전문성을 겸비해 가고 있습니다. 전문성을 보완하기 위해 지금도 계속 공부하고 있습니다.

셋째, 창의성입니다. 새로운 것을 만들어 보고, 창조적인 아이디어를 드러내는 것입니다. 또 창조적 사유를 수행하는 것입니다. '이전과 같은 방식으로는 더 이상 안 된다'는 이야기를 여러 매체를 통해 공공연하게 듣고 있음에도 여전히 이전과 같은 모습을 답지하고 있지는 않습니까? 과거와 똑같은 패턴으로 리더십을 이어가고 있지는 않은지 자신의 모습을 돌아보십시오. 그리고 창의성을 가지기 위해 노력하고 또 노력하며 4.0 리더로의 변신을 꾀하십시오.

사실 창의성은 막연히 아무것도 없는 데서 무엇인가가 되게 하는 것이 아닙니다. 우리나라에 처음으로 출시되었던 휴대폰과 지금의 스마트폰을 비교해 보십시오. 이전의 휴대폰에 창의적 아이디어로 새로운 옷을 입히고 창조적인 아이디어를 가미해서 지금의 스마트폰이 된 것입니다. 창의성은 기존의 틀을 깨고 새로운 시도를 할 때 드러납니다.

창조를 일으키려면 우선 지금 하고 있는 것들을 변형하십시오. 반복적인 행위에서 탈피하여 다른 요소와 융합시키십시오. 그럴 때 새로운 창조가 나타납니다.

창의성의 최고점은 우리를 창조하신 하나님이십니다. 하나님을 닮은 우리는 분명히 하나님의 창의성도 닮았을 것입니다. 지금은 과거를 답보하고 있다 하더라도 드러나지 않은 창의성을 찾아 리더로서 현 시대에 맞는 창의적인 사역을 해 나가시길 바랍니다.

넷째, 야성입니다. 이는 동물적 본능을 말하는 것이 아닙니다. 야성이란 새로운 세계에 도전하고 개척하는 정신입니다. 그러나 무분별한 도전과 개척은 실패를 향한 발걸음이므로 피해야 합니다. 무분별하다는 것은 계획이 없다는 말입니다. 그러므로 리더가 가져야 할 야성에는 전략이 필요합니다.

야성의 반대말이 무엇일까요? 안주하는 것입니다. 안주의 또 다른 표현은 편안함을 찾는 것입니다. 모세는 애굽의 왕자로 편하게 살 수 있었습니다. 그러나 백성의 문제를 보고 인식하기 시작한 데서 그의 삶이 변화되기 시작했습니다. 4.0 리더는 문제점을 발견하는 리더라고 앞에서 말했습니다. 문제를 인식하고 그것을 해결하기 위해 집중하는 야성의 마인드는 리더에게 반드시 필요합니다. 야성이 있는 리더는 단순히 문제를 찾는 데서 끝나지 않고 문제를 통해 미래를 예측합니다. 혹시 실패하더라도 다시 일어나서 도전하고 개척해 나갑니다.

그리고 야성을 지닌 리더들은 성취 욕구가 강합니다. 무엇인가를 이루고 완성해 내려는 욕구와 성공률이 높습니다. 성취 욕구와 실제로 성취하는 것 사이에는 엄청난 갭이 있습니다. 그러나 결국 성취해 내는 리더는, 아마 성취를 위해서 부단히 노력하고 도전하고 실패도 하였을 것입니다. 실패했을 때도 야성을 가지고 다시 일어났기 때문에 기어이 성취한 것입니다.

다섯째, 영성입니다. 더 구체적으로 말한다면 영성의 색깔입니다. 영성이 무엇입니까? 하나님과의 관계를 형성해 나가는 데 있어서 어떻게 어떤 방향으로 갈 것인가 하는, 하나님께로 향하는 성향을 영성이라고 합니다.

이 시대에는 여러 가지 유형의 영성이 있습니다. 사회적 영성, 감각적 영성, 인격적 영성, 감성적 영성, 지성적 영성, 수도원적 영성 등이 있는데, 이 가운데서 여러분 각자의 영성을 찾을 수 있습니다. 모두가 다릅니다. 저와 여러분이 가지고 있는 영적인 성향이 전혀 다를 수 있습니다. 이 다름을 우리가 어떻게 각색하고 옷을 입히고 아름답게 만들고 견고하게 해서 우리 공동체를 이끌어 가는 영성이 되게 할지를 결정해야 합니다.

혹시 나는 목회자가 아닌데, 우리 공동체는 기독교 단체가 아닌데, 그저 회사 조직의 리더일 뿐인데 왜 영성이 필요한가 생각할 수도 있습니다. 그러나 영성은 하나님을 믿는 우리에게는 가장 가장 기본적인 삶의 원천으로서, 하나님과 연결되어 있는 통로이자 하나님이 주시는 힘을 얻는 샘과 같습니다. 영성의 유형에 따라 리더십의 유형과 모습이 달라질 수 있으므로 올바른 영성도 놓치지 말아야 할 요소입니다.

그리고 한 가지 중요한 포인트가 또 있습니다. 다섯 가지 중 어느 것 한 가지라도 부족하면 부족할수록 우리는 미래가 요구하는 4.0 리더로서의 성향을 잃어버립니다. 다시 말하면 4.0 리더로서 부족함이 드러난다는 것입니다. 이 다섯 가지를 아우르는 무엇인가가 필요한데, 우리는 그것을 '통전성'이라고 이야기합니다.

저는 여러분이 다섯 가지를 세밀하게 하나하나씩 살펴가면서 자신의 인생을 구축하는 데 부족한 것이 무엇인지, 어떤 전문성을 더 구비해 가야 하는지, 왜 내게는 창의성이 부족한지, 잃어버린 야성을 어떻게 회복시켜 나갈 것인지, 나는 어떤 유형의 영성을 가지고 있는지를 명확하게 알았으면 좋겠습니다. 그리고 각자의 공동체에서 이 시대가 요구하는 리더십을 발휘하는 리더가 되시기를 진심으로 간절히 바랍니다.

11장

리더의 자기 신뢰

리더는 자신감(자기 신뢰)이 충만해야 합니다. 그래야 공동체를 이끌어 갈 수 있습니다. 그렇다면 리더에게 필요한 자신감이란 도대체 무엇일까요? 이것이 왜 필요하며, 어떻게 해야 자신감을 구축할 수 있을까요?

우선 '자신감'을 정의해 봅시다. 자신감은 '자신에 대한 신뢰'입니다. 자기 자신에 대한 믿음의 감정을 우리는 자신감이라고 이야기합니다. 이 자신감은 '나는 나를 믿어'라고 말한다고 해서 생기지 않습니다. '내가 이렇게 살아야지'

한다고 해서 드러나는 것도 아닙니다. 자기 스스로를 신뢰할 때 자연스럽게 자신감이 드러나게 됩니다.

성경은 이렇게 말씀하고 있습니다.

> "그러므로 너희 담대함(자신감)을 버리지 말라 이것이
> 큰 상을 얻게 하느니라"(히 10:35).

우리가 자신감을 버리지 않으면 큰 상, 곧 보상이 온다는 말씀입니다.

사실 저는 '성공'이라는 단어를 별로 좋아하지 않습니다. 마땅히 대체할 말이 없기 때문에 아쉽지만 그 단어를 쓰고 있습니다. 자신감은 인생을 성공적으로 이끄는 힘입니다. 리더라면 리더십을 발휘해야 하는데, 리더십을 구성하는 요소 중에 하나가 바로 자신감입니다.

리더의 자신감은 공동체의 긍정적 변화를 이끄는 힘이 됩니다. 사실 그럴 수밖에 없습니다. 나 자신에 대한 신뢰가 있고 그 자신감으로 충만하다면 나와 내 주변에서 긍정적인 변화가 일어나게 마련입니다. 특히 정체되어 있는 공동체라면 더욱 변화를 갈구할 것이고, 그만큼 공동체의 리더는 마주하는 변화를 헤쳐나갈 자신감을 가지고 있어야 합니다.

사람들은 자기를 이끌어 주는 사람, 곧 리더가 필요하다고 생각합니다. 그런데 그 리더에게 자신감이 없다면 과연 믿고 따를 수 있을까요? 저라면 그 리더를 따르지 않을 것 같습니다. 앞에서 자신감이란 자신에 대한 믿음이라고 했습니다. 자기 자신도 못 믿는 사람을 어떻게 남이 믿을 수 있겠습니까.

여러분은 자기 스스로 신뢰하고, 그 신뢰가 단단하여 외부까지 흘러나가고 있습니까? 이 질문에 자신감 있게 "예"라고 대답할 수 있는 사람은 많지 않을 것입니다. 자기를 믿지 못하기 때문에 자기를 이끌어 갈 힘이 없고, 가족과 자녀를 끌고 나아갈 힘도 없습니다. 그런 리더를 어떻게 다른 사람이 믿고 따를 수 있겠습니까?

자신감(자기 신뢰)

- 리더의 자신감은 공동체의 긍정적인 변화를 이끄는 힘이 된다.
- 자신감 있는 리더를 따르게 된다.
- 자신감 없는 리더는 그의 가족, 그리고 다른 사람도 그를 믿지 않는다.

혹자는 자신감이 넘치는 사람만 리더가 될 수 있느냐고 말할지도 모릅니다. 꼭 그렇지는 않습니다. 그러나 자신감은 우리 모두에게 필요합니다. 자신감은 리더에게 필요한 덕목인 동시에 이 세상을 살아가는 데 누구에게나 꼭 필요한 요소입니다.

왜 자신감이 필요할까요?

첫째, 자신감은 믿음의 발로이기 때문입니다. 믿음이 충만하면 자신감이 생깁니다. 자신감은 우리의 시선을 '할 수 있다'는 쪽을 향하게 만들어 주고, 불가능해 보이는 일도 가능하다고 생각하게 합니다. 하나님은 리더들에게 강력한 도구를 주셨는데, 그게 바로 '믿음'입니다. 이 믿음이 견고하면 자신감은 자연스럽게 나옵니다.

둘째, 자신감은 내 안에 있는 두려움을 없앨 수 있습니다. 자신감은 내 안의 두려움을 몰아내기 때문에 우리에게 꼭 필요합니다. 믿음은 두려움을 이깁니다. 자신감 자체가 믿음에서 나오는 것이므로, 우리가 자신감을 가진다면 두려움 없이 가려던 길을 걸어갈 수 있습니다. 이런 자신감이 있으면 뭐든지 도전할 수 있을 것입니다.

중학생 시절 고등학교에 진학하려면 연합고사를 치러야 했는데, 연합고사 점수에는 체력장 점수도 들어갔습니다. 저는 체육을 못했는데, 그중에서도 제일 부족한 것은 팔 힘이었습니다. 15개 만점이던 턱걸이를 3개도 하기 힘들었으니까요. 연습을 해도 턱걸이 실력은 제자리걸음이었습니다. 만약 턱걸이 15개를 못 하면 20점 만점 중에서 18점밖에 못 따는 상황이었습니다.

체력장을 치르는 당일에 담임선생님이 제게 "너는 오늘 분명히 턱걸이를 할 수 있으니까, 할 수 있다고 생각하고 해봐라"고 말하는 것입니다. 그 말을 들었을 때에는 안 될 것이라고 생각했습니다. 저에게 그런 믿음이 없었으니까요. 그러나 철봉 밑에 섰을 때 '그래, 오늘 내가 이걸 하지 못하면 2점을 잃어버리는 거야. 할 수 있다고 믿고 한번 해 보자'라고 생각하고 철봉대를 붙잡았습니다. 그런데 저도 깜짝 놀랐습니다. 순식간에 20개를 한 것입니다.

그 후로는 도전하는 것에 주저함 없이 진행할 수 있었습니다. 작은 성공들이 제게 새로운 도전을 할 수 있는 원동력이 되었습니다. 지금도 여전히 자신감으로 충만하지는 않습니다. 그러나 자신감을 가지려고 늘 마음을 가다듬습니다.

마지막으로, 사람들은 자신감 있는 지도자를 따르기 때문입니다. 우리는 지도자의 자리에 있으므로 자신감을 가져야 합니다. 자신감의 바탕은 믿음입니다. 세상의 이야기로는 신뢰라고 할 수 있습니다. 즉 우리의 자신감이 사람들에게 신뢰감을 줄 수 있다는 말입니다.

자신감

자신감은 신뢰이다.
자신감은 리더십이다.
자신감은 행함이다.
자신감은 믿음의 증거이다.
이런 자신감은 전염된다.
나를 더욱 강하게 전염시키고 주변 사람들을 전염시킨다.

자신감은 자신있다고 말한다고 해서 드러나지 않습니다. 리더의 자신감은 행동을 통해서 드러납니다. 자신감이 있다는 것은 그에게 믿음의 증거가 분명하게 있다는 말과도 같습니다.

이런 자신감은 놀랍게도 다른 사람에게 전이됩니다. 그래서 자신감 있는 사람 주변에 있으면 자신도 모르게 자신감이 생겨납니다. 운동 경기를 보면 어떤 경기든 그 팀에서 기둥 같은 역할을 하는 선수가 있습니다. 강력한 자신감을 갖고 있으면서 다른 선수들에게까지도 자신감이 충전되어 경기에 이기는 것을 많이 보았습니다. 따라서 리더가 주변 사람까지 강하게 전염시킬 수 있는 자신감을 가질 때, 그가 속한 공동체는 자신감으로 가득한 공동체가 될 수 있습니다.

그러면 어떻게 해야 자신감을 키울 수 있을까요? 리더십의 거장인 존 맥스웰 목사의 '자신감을 키우는 일곱 가지 방법'을 소개하려고 합니다. 《존 맥스웰의 관계의 기술》에서 '3장. 사람들 앞에서 자신감을 갖는 법'을 토대로 어떻게 자신감을 키울 수 있는지 알아보겠습니다.

존 맥스웰의 자신감을 키우는 방법

1. 하나님의 가치 체계에 따라 가치관을 확립하라.
2. 하나님을 주목하고 환경을 바라보지 마라.
3. 자신감 넘치는 사람들과 친구가 되라.
4. 작은 성공을 많이 경험하라.
5. 잘하는 것을 한 가지라도 찾아 그 일에 전문가가 될 때까지 집중하라.
6. 결과를 이끌어 내는 지식을 익히고 개발하라.
7. 다른 사람과 비교하지 마라.

첫째, 하나님의 가치 체계에 따라서 가치관을 확립하십시오. 각자가 가진 가치는 그가 하는 모든 선택의 기준이 됩니다. 오늘 하루를 어떻게 살아갈까 하는 개인적인 일부터 공동체를 이끄는 공적인 일까지, 내가 무엇을 선택할지를 가늠하는 기준을 우리는 '가치관'이라고 합니다. 성경 진리에 근거한 가치관이 선명해질수록 자신감도 높아집니다. 그런 가치관을 확립해야 합니다.

둘째, 하나님을 주목하십시오. 세상을 바라보고 우리가 처한 환경을 바라보면 어떻게 헤쳐 나갈 수 있을지 두렵기만 합니다. 그래서 자신감을 상실합니다. 어떤 일을 도모하려다가 좌절되면 자신감이 극심하게 떨어집니다. 저뿐만 아니라 동역자도 힘이 빠질 수밖에 없습니다. 그러므로 우리는 환경이나 상황, 사람을 보아서는 안 됩니다. 시선을 하나님께 두어야 합니다. 하나님을 주목하며 초점을 하나님께 두면 자신감이 자연스럽게 생성될 것입니다.

셋째, 자신감 넘치는 사람들과 친구가 되십시오. 자신감이 없고 부정적인 사람과 함께하면 있던 자신감도 잃어버립니다. 자신감은 전이된다고 했는데, 긍정적인 자신감뿐 아니라 부정적인 자신감, 즉 자신감이 없는 것도 전염됩니다.

넷째, 작은 경험과 작은 성공을 쌓으십시오. 작은 성공 경험이 여러 번 반복되면 자신감이 커집니다. 지금 자신감이 적더라도 작은 것부터 성공을 경험하도록 하나씩 시도해 보십시오. 지금 내 안에 자신감이 넘치더라도 무작정 큰 일부터 하려고 하지 말고, 내 앞에 주어진 일을 차근차근 하나씩 성공적으로 해내는 경험을 쌓아 가십시오.

예를 들어, 공부를 더 해야겠다고 생각한다면 '오늘부터 5시간씩 공부하겠다' 하는 무리한 목표를 세우지 말고 평소보다 조금 더 공부하겠다는 목표를 세우는 것입니다. 평균 하루에 1시간 정도 공부했다면 오늘은 그보다 20분 더 공부하겠다고 마음 먹는 것입니다. 아마 20분이라도 일상에서 마련하는 것이 쉽지만은 않을 것입니다. 그래도 노력해서 20분 더 공부를 했다면 목표를 이루었으니 성공입니다. 이런 작은 성공이 쌓일수록 자신감이 커져 갑니다.

다섯째, 전문가가 되면 자신감이 생깁니다. 현대는 다양성의 시대입니다. 사회가 우리에게 많은 것을 요구하고 있으며, 실제로 우리도 거기에 부응하려고 애씁니다. 그러다 보니 한 분야에 전문가가 별로 없습니다. 한 사람이 모든 일에 전문가가 될 수는 없습니다. 다른 데에는 관심을 끊으라는 말도 아닙니다. 다양한 영역을 잘 살피되 한 분야, 한 우물을 파서 전문가의 영역에 이르러야 한다는 말입니다.

저의 경우를 예로 들자면, 저는 사물을 분석하고 진단하여 대안을 찾는 일을 남들보다 조금 더 잘한다고 생각했습니다. 제일 잘하는 분야인 컨설팅 영역에서 전문가로 일하고 싶어서 대학원에 진학하여 더 공부하였습니다. 25년 동안 컨설팅 분야의 전문가가 되려고 노력했고, 지금도 계속해서 그 일에 집중하고 있습니다.

여섯째, 사람을 세우고 결과를 이끌어 내는 지식을 익히고 개발하십시오. 그럴 때 자신감이 생깁니다. 오늘부터 전문가가 되겠다고 생각하고 다짐한다고 해서 전문가가 될 수는 없습니다. 지속적으로 배워야 합니다. 저 역시 컨설턴트가 되기 위해 지난 25년 동안 각종 컨설팅 관련 자격증을 취득했습니다. 신기하게도 배울수록 부족함을 발견하게 됩니다. 그래서 또 도전하고 배우는 것 같습니다.

일곱째, 다른 사람과 비교하지 마십시오. 아무리 자신감이 넘쳐도 절대로 다른 사람과 비교하지는 말아야 합니다. 내가 넘어서고 싶은 사람, 목표로 하는 사람 등은 필요하지만 비교할 대상은 필요하지 않습니다. 우리 모두는 서로 다른 존재이므로 타인과 비교해서는 안 됩니다.

자신감 속에는 자존감, 자만심이 다 들어 있습니다. 자존감은 자신을 존중히 여기는 마음이고, 자만심은 자신의 역량이나 의견을 지나치게 부풀리는 마음입니다. 교만과 비슷합니다. 그리고 자신감은 스스로를 신뢰하는 마음입니다. 자신을 신뢰하는 데서 자신감이 시작됩니다. 그러나 비교하면 자존감이 낮아지거나 자만심이 넘칠 수 있습니다. 그러므로 비교하지 마십시오.

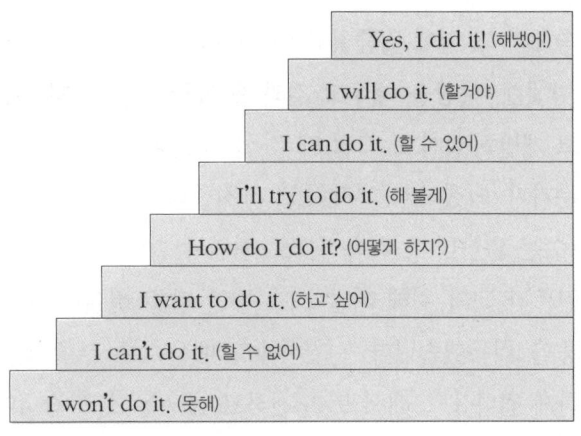

각 단계마다 자신감의 정도에 따른 태도를 나타낸 그림입니다. 지금 여러분은 어느 단계에 머물고 있습니까? 리더가 되기 위해서는 자신감은 반드시 갖춰야 하는 요소입니다.

사람은 마음가짐이나 태도, 자세, 그가 하는 말에 따라서 달라집니다. 자기 자신을 신뢰하는 것, 이것이 자신감의 위대한 출발인 것을 잊지 않았으면 좋겠습니다.

12장

리더의 자기 인식

리더의 자기 인식(self-awareness)에는 간격, 갭(gap)을 줄이는 일이 필수입니다. 자기를 제대로 인식하지 못하게 하는 갭이 있기 때문입니다. 바로 '내가 알고 있는 나'와 '타자가 알고 있는 나' 사이의 간격입니다. 또한 '가족 구성원이 알고 있는 나'와 '사회 공동체가 알고 있는 나'와 실제 내 모습도 거리감이 있습니다.

이렇듯 우리 자신의 실제 모습과 여러 방향에서 보는 나 사이에는 간격이 있습니다. 이 거리감을 빨리 인식하고 좁혀 나갈수록 내가 표출하는 나와 인식되는 나 사이의 거리가 가까워지고, 궁극적으로 겹쳐져서 하나가 될 때 리더의 자기 인식이 온전해집니다. 그래서 자기 인식이 왜 중요한지, 또 자기 인식 방법으로는 무엇이 있는지를 함께 살펴보려고 합니다.

많은 리더들이 공통적으로 '리더십을 지속적으로 발휘하기 위해서 필요한 것은 자기 인식이다'라고 말합니다. 그렇다면 자기 인식의 간격을 예로 들어 '나는 이런 사람이야. 당신들이 무엇이라고 생각하든 나는 이래'라고 한다면, 과연 공동체에 리더십이 제대로 전달될까요? 그렇지 않습니다. 그래서 리더라면 내가 생각하는 나의 모습과 남들이 생각하는 나의 모습이 어떻게 다른가를 알 필요가 있습니다.

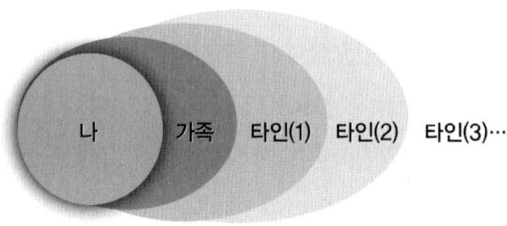

자기 인식이란 나는 나를 어떻게 생각하는지에서 시작하여 가족, 공동체로 영역이 넓어집니다. 나에서 출발해서 가족, 타인 등 점점 거리가 먼 사람들까지, 그들이 생각하는 나의 모습과 내가 생각하는 나의 모습이 하나가 된다면, 그리고 가족, 타인들로부터 있는 그대로 피드백을 받을 수 있다면 그 사람의 리더십은 정말 위대하고 커질 수 있을 것입니다.

리더십의 권위자이자 리더십 코치인 린다 힐(Linda Hill)은 "자신에 대해 있는 그대로를 피드백해 줄 사람이 두 사람만 있어도 그 사람은 결코 나쁜 리더가 될 수 없다"라고 했습니다. 누가 나에게 있는 그대로 피드백을 해준다면 기분이 어떨까요? 솔직히 저는 굉장히 힘듭니다. 듣기에 좋은 소리들은 아니지요. 그러나 그것을 들으면 들을수록, 들어서 내가 자꾸 객관화될수록 제가 다듬어지는 것을 느낍니다.

그래서 멘토가 필요합니다. 자기를 있는 그대로 피드백해줄 수 있는 사람이 필요하다는 의미입니다. 자기 인식을 하고자 하는 사람은 자기 자신을 있는 그대로 피드백해 줄 수 있는 사람이 꼭 있어야 합니다.

자기 인식을 가능하게 하는 거울이 몇 가지 있습니다.

먼저는 나 자신입니다. 내가 이렇게 말을 하거나 말하는 것 자체가 나의 거울일 수 있습니다.

그리고 우리 자녀들이 나의 거울입니다. 자녀들 속에 내 모습이 담겨 있고, 또 자녀들은 우리를 향해 정직한 반응과 행동을 보입니다. 바로 거기에 내 모습을 비쳐 볼 수 있습니다.

우리 주변의 사람들도 우리의 거울이 됩니다. 나를 따르거나 본받으려는 사람도 있고, 나를 흉내 내는 사람도 있습니다. 반면에 나와는 정반대로 행동하는 사람도 있습니다. 어떤 모습이든 거기에는 나의 모습이 반영됩니다.

또 하나의 거울은 내가 속한 집단입니다. 이 공동체가 우리의 거울이라고 말하고 싶습니다. 내가 지금 어떤 리더인가를 가늠하려면 내가 섬기는 교회, 집단, 단체, 기관 등 우리 공동체의 형태를 보면 됩니다. 내가 어떤 리더이며 지금 어떤 모습인지를 적나라하게 볼 수 있습니다. 그곳에서 보이는 질서와 이미지가 결합된 것이 우리의 거울이 됩니다.

표에 있는 거울, 언어, 자녀, 주위 사람, 공동체의 피드백을 들어 보십시오. 그 피드백이 지금 여러분의 모습일 것입니다.

```
   거울(Mirror)
   말(Word)
   자녀(Children)
   주변 사람(Person)      +      이미지(Image)
   공동체(Community)
        ↓
   피드백(Feedback)
```

우리의 거울이 무엇인지는 살펴보았는데, 그렇다면 이미지(image)는 무엇일까요? 무엇을 이미지라고 할까요? 이 장에서 말하는 '이미지'는, 먼저는 현재 내가 하는 사역의 모습이라고 할 수 있습니다. 예를 들어 저는 컨설턴트입니다. 컨설턴트는 상황을 분석하고 진단하고 대안을 만들고 그것을 피드백하는 일련의 과정을 거칩니다. 이런 모습은 규격화되고 경직되어 있기도 하지만 질서가 있고 정확한 프로세스가 있습니다. 이것이 제 이미지가 됩니다.

그리고 우리 각자가 지니고 있는 신념, 철학도 자신의 이미지를 형성합니다. 자신의 신념은 나의 가치 기준을 보여줍니다.

또한 내가 강조하는 키워드(key-word)와 나의 삶(my life)도 나의 이미지가 됩니다. 리더로서 내 입에서 나가는 말과 내 삶이 얼마나 일치하는지가 내 모습이 되고 이미지가 됩니다. 만약 말과 행동이 불일치하면 우리의 이미지도 불합리하게 보일 가능성이 높습니다.

여러분, 종이나 노트에 자기를 그리고, 이름을 써 보십시오. 그리고 나는 누구이고, 어떻게 생겼는지, 무엇을 좋아하는지 등 자신에 관해 생각나는 대로 쭉 써내려 가십시오. 그게 바로 여러분입니다. 자기의 성격을 묘사하고 좋아하는 것을 이야기하면서 글을 쓰다 보면 자기가 어떤 사람인지를 볼 수 있습니다. 이것을 '나의 이야기'(my story)라고 합니다. 이 글을 통해 쓴 사람의 이미지를 그려 볼 수 있습니다.

이 작업은 생각보다 쉽지 않습니다. 나의 이야기니까 쉽게 쓸 수 있을 것 같은데 실제로 그렇지 않습니다. 특히 리더는 주변 사람을 어떻게 세울까를 늘 생각하지만 자기 스스로를 어떻게 세워야 할지는 별로 생각해 보지 않았을 가능성이 큽니다.

그러면 어떻게 해야 자기 인식 리더십을 가질 수 있을까요?
첫째, 신뢰할 만한 피드백을 추구하십시오. 자기 인식은 참 쉽지 않은 작업입니다. 만약 누가 저를 찾아와서 자기를 피드백해 달라고 하면 저는 못합니다. 왜냐하면 그 사람과 저 사이에 신뢰가 형성되지 않은 상태에서는 피드백해 줄 수 없기 때문입니다. 피드백은 대체로 긍정적인 것보다는 부정적인 내용을 전달할 때가 많습니다. 개선점을 이야기해 주어야 하기 때문입니다. 부정적인 이야기를 해주고 또 들을 수 있을 만큼 상호간에 준비되어 있지 않으면 피드백이 안 됩니다. 그러므로 내가 정말 신뢰할 만한 피드백을 해줄 수 있는 사람이 꼭 있어야 합니다.

만약 그런 피드백이 없다면 자기 인식을 할 기회가 줄어듭니다. 그런 맥락에서 볼 때 멘토가 없는 분들은 자기 자신이 누군지 잘 모른다고 말할 수도 있습니다. 물론 나도, 가족도, 공동체도 자기 인식을 하는 거울이 됩니다. 그러나 리더로서의 자기 인식을 하려면 피드백을 해줄 수 있는 사람, 앞에서도 말했지만 멘토가 반드시 있어야 합니다.

둘째, 리더십의 역량을 제대로 발휘하고 있는지 점검하십시오. 리더는 세 가지 역량이 함의되어 있습니다. 인지적 역량, 대인관계 역량, 전략적 관리 역량입니다. 이 역량을 세분화하면 각 역량마다 여섯 개의 하위 개념이 있기 때문에 총 열여덟 개의 역량을 살펴봄으로써, 이 중에서 어떤 부분이 뛰어난지 혹은 부족한지를 파악하는 것이 자기 인식이 됩니다. 자기 인식을 통해 리더십의 역량을 점검할 필요가 있습니다.

이 세 영역이 골고루 분포되어 있다면 좋겠지만, 이 셋 중에서 어느 한 부분이 뛰어난 리더도 있습니다. 그러면 그 뛰어난 영역이 자기 인식이 되는 것입니다. 예를 들

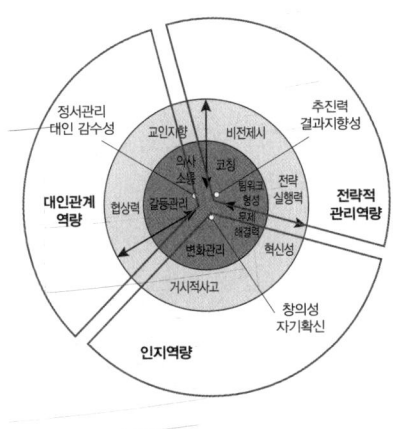

어 대인관계 역량이 뛰어난 사람의 이미지는 '사람을 좋아하는 리더'로 인식될 것입니다.

셋째, 상황을 명확하게 인식해야 합니다. 탁월한 리더들의 공통점 중에 하나는 상황 인식 능력이 대단히 뛰어나다는 것입니다. '지금 준비가 부족하구나' 하고 상황을 빨리 인식해야 하는데 '나는 잘할 수 있는 사람인데 왜 항상 이러한 결과만 나오지'라고 부정확한 인식을 하면, 공동체에서 인식하는 것과 내가 인식하는 것의 간격이 커집니다. 자기 인식이 바르게 되지 않는다는 것입니다.

자기 인식이 되지 않는 리더가 속한 공동체는 온전한 공동체가 되기 어렵습니다. 그러므로 지도자는 자기 인식이 명확해야 합니다.

결국 자기 인식이란 자신의 강점, 약점, 생각과 신념, 감정과 동기를 통해 자신의 성격을 예리하게 깨닫는 것입니다. 그렇다면 자기 인식을 식별하는 기준은 무엇이 있을까요? 다섯 가지로 인식할 수 있습니다.

① '나의 반복되는 습관은 무엇인가?' 입니다.
② '내가 피드백을 받는 창구가 있는가?' 입니다.
③ '내가 구사하는 언어의 의미는 무엇인가?' 입니다.

내가 구사하는 언어의 의미를 정확하게 파악하고 인식하고 있어야 합니다. 여러분, 용어를 정의하는 일은 매우 중요합니다. 학자와 비학자의 차이는 그 언어를 정확하게 정의할 줄 아는가 그렇지 않은가의 차이라고 할 만큼 용어의 정의는 중요합니다. 자기 인식 역시 정확한 정의가 중요합니다. 자기 인식이란 "자신의 강점과 약점, 생각과 믿음과 감정의 동기를 포함하여 자신의 성격을, 그리고 성향을 예리하게 깨닫는 것"입니다.

④ '내 삶의 우선순위는 무엇인가?' 입니다.

자기 인식이 되어 있는 사람은 내가 어떤 사람인지를 알기 때문에 우선순위가 명확합니다. 자신의 강점이 무엇인지, 또 어디에 열정을 쏟아야 할지를 알기 때문에 자기에게 주어진 일에 몰입합니다.

⑤ 뛰어난 리더들은 그래서 몰입도가 높습니다.

이 다섯 가지 지표를 가지고 늘 자기 자신에게 물어 보십시오. '나는 몰입을 잘하는가?', '우선순위가 명확한가?' '내 언어의 의미를 정확히 인지하는가?', '내게 피드백을 해 주는 사람은 누구누구인가?', '나의 좋은 습관은 무엇인가?' 등을 수시로 물어 보면서 자기 인식이 잘되어 있는지 혹은 그렇지 못한지 알 수 있을 것입니다.

우리는 리더입니다. 리더는 반드시 자기 인식을 잘해야 합니다. 자신을 알면 타인을 이해하게 되고, 그 힘으로 공동체를 이끌고 갈 수 있습니다. 그러기 위해서는 멘토가 있어야 하고, 코치도 있어야 합니다. 그리고 그들에게서 피드백을 받아야 합니다. 안타깝게도 우리나라의 많은 리더들이 자신이 우두머리라는 생각 때문에 멘토의 필요성을 깨닫지 못합니다. 그러다 보니 코칭을 받거나 피드백을 받지도 않습니다. 그런 리더는 자기 자신이 발전하지 못할 뿐 아니라 공동체까지 정체시키거나 후퇴시키는 경우가 많습니다.

여러분은 모두 올바른 자기 인식을 하는 리더, 자기 인식에서부터 출발하여 공동체의 새로운 변화와 발전에 아름답게 쓰임 받는 리더가 되시기를 진심으로 바랍니다.

13장

리더의 자기 평가

평가를 받는다는 것은 누구에게나 유쾌한 일은 아닙니다. 그럼에도 불구하고 어떤 공동체든, 사람이든 지속적인 자기 평가를 해야 발전도 하고 성장도 하고 성숙도 할 수 있습니다. 이 장에서는 스스로를 평가하는 평가 지표에 대해서, 곧 자기 평가는 무엇을 하는 것인지를 함께 나누려고 합니다.

'리더는 자신을 스스로 평가한다.'

리더는 자기 스스로 평가할 수 있어야 합니다. 자기 평가란 객관적인 외부 평가를 받기 전에 수시로 자신을 관리하는 방안이며, 스스로를 객관화하려는 노력입니다. 그렇다면 스스로 평가한다는 것은 무엇일까요?

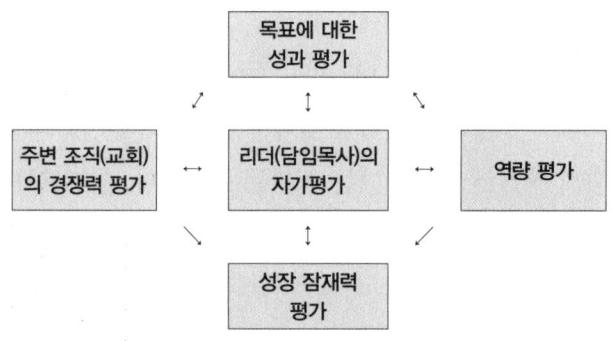

리더 중에서 교회의 리더인 담임목사를 예로 들어 보겠습니다. 담임목사의 자가평가는 크게 네 방향에서 할 수 있습니다.

첫째, 사역의 목표에 대한 성과 평가가 필요합니다. 이것은 외부에서 사역의 평가를 받기 전에 스스로 자기 사역의 성과를 평가하는 것입니다. 이 일은 자기 발전과 변화를 도모하는 데 있어서 매우 중요한 정량적인 목표 관리가 될 것입니다.

둘째, 동시에 역량 평가를 해 보아야 합니다. '나는 지금 어떤 역량을 갖고 있는가? 내 역량은 충분히 발휘되고 있는가?'

셋째, 주변 조직, 곧 주변 공동체와의 경쟁력 평가도 필요합니다. 그 지역을 평가해 보아야 그 지역 복음화를 위해 그 다음에 어떤 단계를 밟아 어떤 사역과 사업이 필요한지를 판단할 수 있기 때문입니다. 주변의 여러 공동체도 각자 경쟁력을 가지고 있습니다. 그러므로 효과적인 사역을 위해서 그들의 경쟁력을 정확하게 파악해야 합니다. 그들과 경쟁해서 이기겠다는 의미는 아닙니다. 지역사회를 위해, 그리고 지역의 복음화를 위해 각 교회의 강점을 알아 협력하자는 의미요, 서로 지역사회에 봉사하고 헌신하려는 선의의 경쟁이 필요하다는 말입니다.

넷째, 성장 잠재력을 평가해야 합니다. 이것은 쉽지 않은 일입니다. 내가 하고 있는 일이 얼마나 성장할 수 있을지 가늠하는 것은 상당히 고무적입니다. 만약 지금 나의 사역이 성장 잠재력이 약하다면 나의 에너지가 소모된다는 느낌을 받을 것입니다. 반대로 성장 잠재력이 높다면 열정적으로 그 일에 도전하게 됩니다.

담임목사와 교회 대신 내가 속한 공동체를 넣어 봅시다. 사역의 목표에 대한 성과 평가는, 우리가 리더로 있는 공동체 혹은 사업체가 추구하는 목표에 대한 성과 평가가 됩니다. 역량 평가나 성장 잠재력 평가는 교회든 사업이든 기관이든 동일하게 필요로 하는 평가입니다. 주변 교회와의 경쟁력은 교회 대신 다른 기업체나 공동체, 만약 단체가 아니라 한 부서의 리더라면 다른 부서 혹은 다른 사업체·공동체의 같은 부서의 경쟁력 평가라고 말할 수 있습니다.

그러면 리더는 스스로 무엇을 평가해야 할까요? 먼저, 역량 평가를 살펴보겠습니다. 역량 평가는 핵심 역량 평가와 세부 역량 평가로 나누어서 진행합니다.

핵심 역량 평가는 네 가지가 있습니다. '결과 지향성', '전략적 사고와 문제 해결 능력', '조직 가치 창출', '추진력과 동기 부여 능력'입니다.

첫째로, 결과 지향성이 있는지를 평가해야 합니다. 우리는 어떤 일을 도모할 때면 목표치를 예상하고 설정합니다. 목표로 하는 결과의 방향을 지속적으로 고려하면서 각 과정마다 그 결과를 향해서 가고 있는가에 대한 평가입니다.

둘째로, 전략적 사고입니다. 어떤 일을 도모할 때는 전체 과정에 대한 단계별 설정이 필요합니다. 그것이 전략적 사고이고, 사람들은 그것을 '일을 지혜롭게 한다'라고 표현하기도 합니다.

예를 들어서 등산을 생각해 봅시다. 그냥 출발해서 무작정 산을 타고 내려오는 것도 즐거울 수 있습니다. 그러나 한 무리를 이끌어 등산을 해야 하는 리더라면 그렇게 하지 않습니다. 전체 소요 시간이 얼마 정도인지를 예상한 후 어디쯤 갔을 때 1차, 2차 휴식을 취할지, 에너지를 많이 필요로 하는 일이니 어떻게 힘을 분산하고, 언제쯤 열량이 높은 음식을 가볍게 섭취하면 좋을지 계획을 하고 등산을 시작합니다. 무턱대고 가다가는 낙오자가 생기거나 사고가 발생할 수도 있습니다.

이렇듯 모든 일에는 전략이 필요합니다. 전략은 또 다른 말로 '문제 해결 능력'이라고도 부릅니다.

셋째로, 조직의 가치를 창출하는 것입니다. 어떤 조직이든 그 공동체에는 구조와 체계가 있고 그에 따라 조직과 집단이 생성됩니다. 리더는 조직이 각각 또 함께 어떤 가치를 만들어 낼 것인지를 생각하고 평가해야 합니다.

마지막으로, 지속적으로 목표를 향해 추진해 나가는지, 그러기 위해서 동기 부여를 하고 있는지를 평가하는 것입니다. 리더가 어떤 목표를 설정하고 그 목표에 공동체 구성원이 참여하도록 설명하고 설득하는 일, 그에 따라 실질적인 참여율이 얼마나 되는지를 평가하는 일은 매우 중요합니다. 70퍼센트 이상의 참여율을 보인다면 동기 부여 역량이 좋다고 평가해도 됩니다.

그 다음, 세부 역량 평가는 여섯 가지가 있습니다.

세부 역량 평가 여섯 가지

1. 사역의 감각
2. 변화 지향성
3. 사람 세우기 능력
4. 전문적 사역 창출 능력
5. 지역 이해도
6. 공동체 이해도

첫 번째 평가 지표는, 사역의 감각입니다. 현재 일어나고 있는 상황에 대처하는 능력을 말합니다. 사역이 목회든 사업이든 직장 생활이든 혹은 살림이든 그 상황에 발빠르게 능동적으로 임하는 감각이 있는지를 물어야 합니다.

두 번째는, 지속적인 변화 지향성입니다. 목표를 이루기 위해 필요하다면, 익숙하고 편하던 것을 엎고 새 방향을 모색하고 실제로 변화해 가는 역량입니다.

세 번째로, 사람 세우기 능력은 한 사람을 세울 때 체계적으로 훈련하고 양육해서 세우려고 한 목표치에 맞도록, 그 수준까지 끌어내는 힘입니다. 각 사람을 적재적소에 세우는 것도, 또 그 자리에서 원하는 성과를 얻을 만큼의 수준에 이르도록 훈련하는 것 역시 사람 세우기 역량에 속합니다.

네 번째로, 전문적 사역 창출 능력을 평가할 수 있습니다. 리더의 자리에 있는 사람은 은사와 준비된 능력, 학습한 내용을 통해 지금 자리에 맞는 전문성을 창출해 내야 합니다.

다섯 번째로, 지금 하는 일이 이 시대, 이 지역, 이 사회에 얼마나 인정받고 효율적이고 효과적인지도 확인해 볼 필요가 있습니다.

여섯 번째로, 리더는 지속적으로 공동체 조직 내외의 사람들을 이해하려는 노력이 필요합니다. 내부의 사람들만 이해하면 이기적인 공동체가 되고, 외부의 사람들만 이해하면 겉으로 보이는 데 치우쳐 공동체 구성원을 소홀히 할 수 있습니다. 나는 얼마나 내 주변 사람들을 이해하고 있는지도 세부 역량 평가 중 하나입니다.

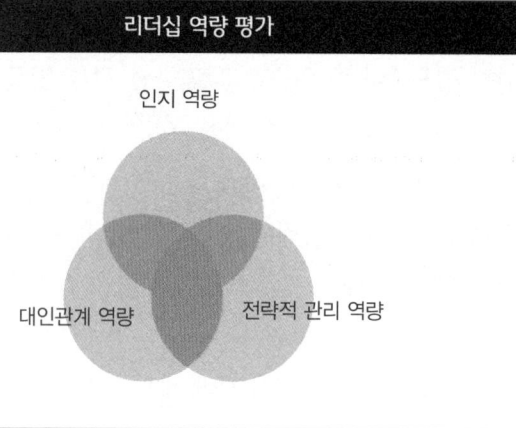

리더십의 역량 평가는 세 가지 영역에서 이루어집니다. 인지 역량과 대인관계 역량, 전략적 관리 역량 영역입니다.

인지 역량이란 논리성을 가지고 목표하는 바를 해석하고 결과를 창출하는 능력입니다. 논리적으로 수행하는 능력을 인지 역량이라고 생각하면 됩니다.

대인관계 역량이란 인간관계 형성을 잘하는 능력을 말합니다. 편향성을 배제하고 모든 사람들과 공감대를 형성하는 것, 타인을 대할 때 예의가 있고 태도가 좋은 것 등을 대인 관계 역량이라고 합니다.

전략적 관리 역량은 비전을 제시하고, 팀워크를 형성하고, 협상 능력을 키워서 문제를 신속하게 처리하는 역량을 말합니다.

리더로서 이 세 가지의 리더십 영역이 균형 있게 유지되고 있는지 점검할 필요가 있습니다.

역량 평가에 이어 성장 잠재력 평가를 살펴보겠습니다.

사실 성장 잠재력 평가라고 하면 상당히 포괄적이고 어려운 개념처럼 느껴집니다. 그러나 하나씩 개념을 짚어 가면서 이해하면 어려운 이야기만은 아닙니다. 성장 잠재력이란 말 그대로 내가 얼마만큼 성장할 수 있는가를 가늠하며 성장 가능성을 살펴보는 것입니다. 성장 잠재력은 점검표를 통해 네 가지 항목으로 스스로 확인할 수 있습니다.

학습 역량	성숙에 대한 갈망의 크기
창의적 사고	도전의식

끊임없이 학습하는 역량, 곧 배우고자 하는 갈망이 얼마나 있는가? 이것이 성장 잠재력의 첫 번째 항목입니다. 두 번째는 성숙해지고 성장하겠다는 갈망의 크기가 얼만큼인지를 묻는 항목입니다. 그리고 그 갈망은 지속적인 도전을 통해 성취의 실마리가 보이기 때문에, 지속적인 도전의식도 성장 잠재력의 항목에 포함시켰습니다. 무모한 것 같아도 리더라면 지속적으로 도전할 줄 알아야 합니다.

크리스천들은 도전의식을 믿음과 연결시켜야 합니다. 홍해 앞에 선 이스라엘 백성들이 얼마나 무모했습니까? 인간적인 상식, 인지적인 역량으로는 도무지 일어날 수가 없는 일을 판단했어야 합니다. 그럼에도 불구하고 하나님을 믿는 믿음을 가지고 홍해 쪽으로 발길을 돌린 것 자체가 도전입니다. 하나님을 믿기에 두려움 없이 나아갔습니다. 그래서 저는 믿음이란 두려움을 배제하는 것, 도전하는 것이라고 생각합니다.

성장 잠재력 평가에 있어서 중요한 것은 창의적인 사고

입니다. 새로운 것을 계속 도출하는 능력이 있을 때 우리는 성장 잠재력이 크다고 평가합니다. 예를 들어, 지금 하고 있는 저의 사역 대부분은 다른 데서 배우거나 배운 것을 응용한 것입니다. 그러나 여기에서 멈추지 않고 지속적으로 새로운 사역, 새로운 교육을 만들어 시도하고 있습니다. 계속 시도하고 노력하면 창의력이 생긴다고 확신합니다.

이렇게 여러 가지 지표로 리더를 평가한 후 종합적으로 리더의 역량을 세 단계로 구분할 수 있습니다. 외부에서 보는 리더의 모습을 평가하여 단계를 부여한 것이 아닙니다. 리더가 자신을 객관화하여 평가한 후 스스로에게 부여하는 단계입니다.

리더의 3단계

- 높은 레벨(High Levels)
  주어진 환경에서 최대의 결과 창출을 위해서 필요한 근본적인 사역 전환을 주도함
- 보통 레벨(Moderate Levels)
  스스로 공격적인 목표를 설정하고 이를 달성하기 위해 노력함
- 낮은 레벨(Low Levels)
  주어진 목표 달성을 위해 스스로 동기를 부여하려고 노력함

낮은 레벨(Low Levels), 보통 레벨(Moderate Levels), 높은 레벨(High Levels)로 구분해 보았습니다.

가장 낮은 레벨은 주어진 목표 달성을 위해서 스스로 동기를 부여하는 수준의 리더입니다. 스스로 동기 부여를 하지 못하는 사람은 아예 리더의 레벨에 들어가지 못합니다. 리더의 수준을 이야기할 것이 없다는 말입니다. 그러므로 낮은 레벨이라고 해서 좋지 못한 리더를 이야기하는 것이 아님에 주의하십시오.

그다음에 보통 레벨입니다. 스스로 공격적인 목표를 설정하고 달성하기 위해서 부단한 노력을 기울이는 수준의 리더입니다. 잠 못 이루는 밤이 생기는 단계입니다. 제가 직장 생활을 할 당시에 기획실에서 기획안 하나를 완성하기까지, 실제로 그 기간에는 잠을 거의 자지 못했습니다. 밤새우기는 다반사고, 팀원 전체가 호텔에 가서 3박 4일 함께 생활하며 프로젝트를 진행하기도 했습니다. 스스로 공격적인 목표를 설정하고 목표를 이루기 위해서 엄청난 에너지를 쏟아부을 때, 그 리더의 역량을 보통 레벨이라고 합니다.

보통 레벨도 우리가 생각하는 보통을 초월하는 수준인데, 그렇다면 높은 레벨의 리더는 과연 어떤 수준일까요? 초점을 목표 달성에만 두지 않고 주어진 환경에서 최대의 결과를 창출하기 위해 근본적인 사회 변화를 주도하는 리더가 높은 레벨의 리더입니다. 최고의 레벨은 항상 본질에 접근하기 위해서 노력하는 리더를 말합니다. 낮은 레벨의 역량과 보통 레벨의 역량이 목표 지향적이라고 한다면, 최고 레벨의 역량은 보다 본질을 꿰뚫어보는 것입니다.

리더 여러분, 나의 역량은 어느 레벨인지 스스로 평가해 보십시오. 그리고 더 높은 단계를 향해 리더십을 키우시기 바랍니다.

14장

리더의 사역 평가

 리더 사역에 대해 사역 평가를 하고 계십니까?

다음 도표는 이 장에서 다루려는 모형적인 직무 평가의 전체 구성도입니다.

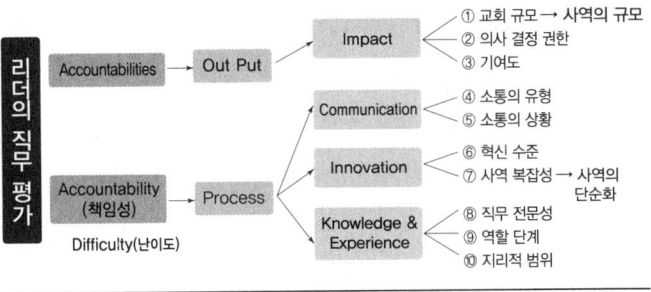

리더 직무 평가에서 제일 중요한 두 가지 영역은 사역의 책임성과 사역의 난이도입니다.

리더를 평가하는 기준을 살펴봅니다.

첫 번째 기준은, 사역의 책임 범위가 어디까지인가입니다. 사역의 책임 범위가 과거와는 그 양상이 달라졌습니다. 이전에는 리더 한 사람이 전방위적으로 다 맡았으나 지금은 좀더 전문화되고 세분화되었으므로 책임질 부분이 줄어들었습니다. 지금 여러분의 사역 범위는 어느 만큼입니까? 어디까지가 책임의 소재입니까?

두 번째 기준은, 사역의 난이도입니다. 지금 리더가 추진하고 있는 사역의 난이도와 깊이와 넓이가 얼마만큼인지에 따라서 그 사람의 리더십이 달라집니다. 초대형 교회의 목회자나 대기업의 리더라면 사역의 난이도가 높을 것입니다. 규모가 작은 공동체에서도 갈등 구조를 해결하는 것은 쉽지 않습니다. 그런데 몇 만 명이 모여 있다면 거기에서 발생하는 갈등이나 사건의 규모와 양이 엄청나겠지요. 그러므로 공동체의 크기로 그의 리더십을 평가할 수 있습니다.

사역의 난이도에 따라 그 사람의 역량이 커집니다. 기업체에서 CEO를 영입할 때 제시하는 보수를 보면 어마어마합니다. 그만큼 난이도가 높은 업무들이 많다는 의미겠지요. 난이도가 낮은 일이라면 보수도 줄어들 것입니다. 그래서 직무별·직급별로 급여와 사역의 난이도는 비례한다고 볼 수 있습니다.

난이도가 높은 사역을 처리한다는 것은 곧 그 리더의 역량이 뛰어나다는 것이고 책임감도 그만큼 강하다는 말입니다. 그럴 때 우리는 그 사람의 리더십을 존중하게 됩니다.

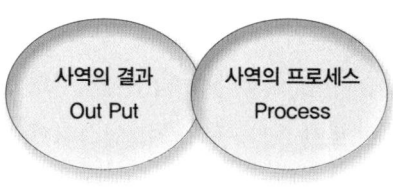

 사역의 책임 범위는 사역의 결과물에 따라 달라집니다. 성과가 좋으면 사역의 범위가 커집니다. 예를 들어, 중간 간부가 새로운 부서에 부임했다고 합시다. 그러면 처음부터 부서의 일 전부를 맡거나 책임지지 않습니다. 하나씩 수행하면서 성과를 낼 때 더 많은 업무를 책임지고 업무 범위를 넓혀 갈 것입니다. 한마디로 영향력도 커지는 것이지요.

 사역의 결과를 창출해 낼 때 영향력이 커지고, 또 책임의 범위도 점점 커집니다. 이것은 곧 리더가 성장한다는 말입니다. 리더의 성장은 곧 역량이 강화되었다는 말이기도 합니다. 사역의 난이도도 이와 같습니다. 어려운 사역을 수행해 냈을 때 사역이 강화되고 범위가 확장됩니다.

 이것이 1차 평가 모형입니다.

 다음으로 사역의 난이도에 상관없이 쉬우면 쉬운 대로, 어려우면 어려운 대로 사역을 수행해 내려면 사역의 프로세스가 얼마나 갖추어져 있느냐, 곧 사역을 얼마나 체계화했느냐를 살펴봐야 합니다. 이것이 2차 평가 모형입니다.

교회를 예로 들어 보겠습니다. 지금 여러분의 교회에 새신자가 왔습니다. 그렇다면 입구에서부터 그가 직분자가 되기까지 프로세스가 구축되어 있습니까? 새신자 부서의 담당자가 목회자든 평신도 리더든, 성별, 나이에 상관없이 어떤 새신자가 와도 교회에 적응하고 직분자가 되기까지 구체적인 프로세스가 있습니까? 그 과정이 체계화되어 있다면 사역의 난이도에 개의치 않고 사역을 수행해 갈 수 있을 것입니다.

세계의 탑 리더들 역시 하루를 계획하고 프로세스 안에서 활동합니다. 여러분도 자신의 사역마다 하나씩 프로세스를 만들어 가시기를 바랍니다.

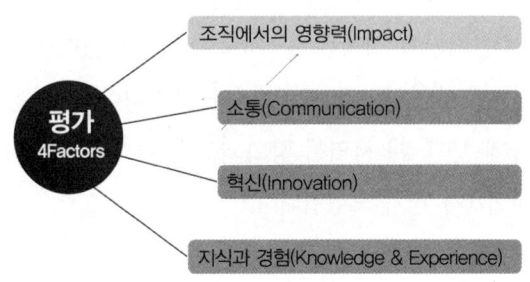

1차, 2차 평가 모형을 지나면 3차 평가 요소가 나타납니다. 3차 평가 모형은 네 가지입니다.

첫 번째 요소는 조직에서의 영향력(Impact)입니다. 공동체 내에서 리더의 말, 행동이 얼마나 영향력을 끼치고 파급 효과가 얼마나 되는가, 그래서 리더의 지시에 따라 공동체가 얼마나 일사분란하게 움직일 수 있는가 하는 것입니다. 리더가 끼치는 영향력은 공동체의 결과물을 좌우합니다. 그러다 보니 기업들은 실적에 대한 평가가 좋지 못하면 바로 영향력이 축소되었다고 생각해서 CEO를 교체합니다.

두 번째 평가 요소는 소통(Communication)입니다. 조직의 리더와 중간 관리자들의 소통이 이루어지는가, 리더가 공동체 모든 구성원과도 소통할 수 있는가 하는 것입니다. 소통은 조직과 리더의 직무 평가에 매우 중요한 요소입니다. 영향력은 그냥 생기지 않습니다. 리더의 영향력은 조직 전체가 얼마나 잘 소통되는가에 달려 있습니다.

회사라면 말단 직원 혹은 신입 직원, 교회라면 주일학교 학생에게 '리더가, 담임목사님이 무엇을 강조하고 있니?' 하고 물었을 때 나오는 답으로 소통을 평가할 수 있습니다. 좀 극단적이긴 합니다만 그 정도로 하부구조까지 리더가 소통하고 있는가는 매우 중요한 항목이라는 의미입니다.

특히 기업체에서는 소통이 더 중요한 항목이 됩니다. CEO가 방향을 설정하면 공장에서 원자재를 입고하는 사람까지 리더의 비전을 이해하고 공유하고 있어야 합니다. 그런 기업과 그렇지 못한 기업이 얼마나 큰 차이가 있는지는 다들 아실 것입니다. 기업이든 교회든 소통 역량에 따라서 공동체가 안정을 얻고 성장할 수 있습니다. 리더가 아무리 좋은 비전이 있어도 공동체 내에서 소통되지 않고 공유되지 않는다면 그 비전은 아무 의미가 없고 영향력도 없습니다.

세 번째 평가 요소는 혁신(Innovation)입니다. 여러분, 모든 공동체는 끊임없이 새로워져야 합니다. 성경에서도 "이전 것은 지나갔으니 보라 새것이 되었도다"(고후 5:17)라고 했습니다. 옛 것을 벗어 버리고 오직 심령으로 새로워져야 합니다. 새롭다는 것은 본질로 돌아가는 것입니다. 전화기가 왜 생겼습니까? 멀리 떨어져 있는 사람과 소통하기 위해서입니다. 인간 사회의 본질 중 하나가 소통입니다. 다른 나라에 살아도 서로 소통하기 원합니다. 그 본질을 이루어 주는 것이 혁신입니다. 만약 지금 여러분의 사역에서 혁신이 없다면 여러분의 직무 사역에 대한 평가는 낮을 수밖에 없습니다.

네 번째 평가 요소는 지식(knowledge)과 경험(Experience)입니다. 지식은 비단 리더가 아니더라도 현대 사회를 살아가는 사람에게는 매우 중요합니다. 과거에 비해서 지금은 알아야 할 것이 너무 많습니다. 그런데 경험도 중요합니다. 지식 중에서 경험으로 형성되는 것도 있기 때문입니다.

제가 언젠가 담임목사님 청빙 의뢰를 받은 적이 있습니다. 처음부터 관여한 것은 아니고 후보 세 사람의 평판 조사를 의뢰받았습니다. 그 세 분을 만나고 그들을 추천한 사람, 관련된 사람들을 면담한 결과 다양한 경험이 있는 분이 후보자로 선정된 것을 알게 됐습니다. 다양한 경험을 가진 사람은 어떤 상황에서도 대처할 능력이 클 것이라고 기대하기 때문입니다.

현대 사회는 리더에게 멀티 플레이어가 되기를 요구합니다. 그래서 지식 습득과 다양한 경험이 필요합니다. '리더의 서재'에 대해서도 이야기했지만, 그래서 독서가 필요한 것입니다. 독서는 가장 훌륭하고 검증된 간접 경험이기 때문입니다.

경험을 통해 지식이 커지고, 그 지식을 통해 공동체의 문제를 해결함으로써 또다시 경험을 쌓으면서 리더가 발전하고 공동체가 안정과 성장을 얻습니다. 회사에서 직원 한 사람을 뽑을 때도 업무 능력, 직무 능력과 기술, 경험을 봅니다. 하물며 리더의 자리를 뽑을 때는 어떻겠습니까.

애플사가 어려움에 빠졌을 때, 회사에서 퇴출시켰던 애플의 설립자 스티브 잡스를 다시 불러들였습니다. 애플이 가지고 있는 비전과 사업적 지식, 경험이 없는 리더가 오면 소통이 잘 안 되고 영향력도 키울 수 없었으며 그 결과 혁신도 할 수 없었기 때문입니다.

그렇다면 여기에서 중요한 것은 무엇일까요? 네 가지 요소가 연결되어 있다는 것입니다. 제각각인 것 같은데 하나로 뭉쳐 있습니다. 지식이 많아지고 경험이 많아지면 영향력이 커집니다. 지속적으로 혁신을 하고 결과를 도출할 때도 영향력이 커집니다. 이 결과를 나누는 것이 소통입니다. 소통이 안 되면 결과도 좋게 나오지 않습니다.

리더의 사역 평가 네 요소는 영향력, 소통, 혁신, 그리고 지식과 경험입니다. 이것을 숙지해서 여러분과 여러분의 사역장도 발전하기를 바랍니다.

영향력	① 사역의 규모 ② 의사 결정 권한 ③ 기여도
소 통	④ 소통의 유형 ⑤ 소통의 상황
혁 신	⑥ 혁신 수준 ⑦ 사역의 단순화
지식과 경험	⑧ 직무 전문성 ⑨ 역할 단계 ⑩ 지리적 범위

필요하다면 비용을 지불하고서라도 각각의 직무에 맞는 역할을 감당할 지식과 경험을 얻어야 합니다.

지리적 범위도 평가 차원 중 하나입니다. 요즘은 30~40대 젊은 사람들이 귀농을 많이 한다고 합니다. 그런데 그냥 땅을 빌리거나 사서 가면 저절로 농사가 됩니까? 절대로 그렇지 않습니다.

본인이 계획한 영농, 논농사든 밭농사든 혹 과수농사든 그에 맞는 지식을 쌓아야 하고, 실제로 농사짓는 사람들에게서 경험을 얻고 배워야 합니다. 작은 농사부터 시작해 보고 어느 정도 지식과 경험이 쌓여야 농사를 본격적으로 시작할 수 있고 농사에 성공할 수도 있습니다. 이런 것을 지리적 범위라고 합니다.

또한 여러분의 사역지 분석을 해야 합니다. 지역의 지리적 특성과 함께 사회적 특성, 산업이나 인구, 인구 분포 등을 파악하고 거기에 맞는 지식과 경험을 습득하는 것이 필요합니다.

지금 여러분이 어떤 직분, 직위에 있는지보다 어떤 역할을 감당하고 있는지가 사역 평가 모형 컨설팅의 핵심입니다.

전문가의 도움을 받아 컨설팅을 받는 것이 가장 좋겠지만, 그렇지 않더라도 먼저 스스로 평가해 보는 것도 좋은 일입니다. 마지막에 말씀드린 열 가지 평가 차원을 항목으로 삼아도 됩니다.

저는 우리나라 교회 사역이 좀더 체계적이고 규모 있기를 바랍니다. 앞으로 그렇게 바뀌리라는 희망을 갖고 있습니다. 그러기 위해서 지금 오늘의 우리 사역을 평가하고 각 항목의 프로세스를 만들어 더 큰 리더십이 한국 교회 곳곳에서 생겨났으면 좋겠습니다. 그 일에 이 책이 보탬이 되길 바랍니다.

15장

영적 리더의 지능

그리스도인 리더라면, 목회자든 평신도든 영적 리더십이 필요합니다. 어떻게 보면 이질적으로 보이는 영성과 리더십은 균형을 이루어 함께 가야 하는 필수 요소입니다. 그래서 이 장에서는 영적 리더에게 요구되는 지능을 상고해 보려고 합니다.

일반적으로 지능 하면 지식을 생각하는데, 지능에도 여러 가지 형태가 있습니다. 그중에서 영적인 리더에게 요구되는 지능은 크게 네 가지 영역으로 나눕니다. 지적 지능,

감성적 지능, 신체적 지능, 그리고 이 세 가지를 하나로 아울러 주는 중심이 되는 영적 지능입니다.

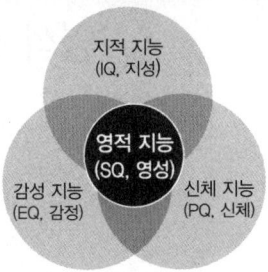

영적 리더에게 요구되는 지능

- 지적 지능 (IQ, 지성)
- 영적 지능 (SQ, 영성)
- 감성 지능 (EQ, 감정)
- 신체 지능 (PQ, 신체)

영적 지능 안에 다른 모든 지능이 포함된다고 말하기도 하지만, 실제적으로는 각 영역이 구분되는 때가 많습니다. 신체를 단련하기 위해 운동하면서도 영적인 측면을 생각해야 하는 것은 맞지만 둘을 묶어서 함께 관리할 수는 없는 일입니다. 그러므로 관리 측면에서는 분리해 설명하는 편이 명확합니다.

영적 지능(SQ 영성)

- 인격 함양
- 의미와 가치 추구
- 비전 추구
- 좋은 성품 함양

1) 영적 지능

가장 핵심에 있는 것이 영적 지능, 곧 영성입니다. 영성을 관리하려면 성경 읽기, 기도, 전도 등의 요소가 있지만 여기에서는 영적인 부분 중에서 지능에 초점을 맞추어 이야기하려고 합니다. 인격, 의미와 가치 추구, 비전 추구, 성품 등이 영적 지능의 요소입니다.

영적 지능을 높이기 위해서는 인격 함양이 필요합니다. 예수님의 인격을 닮아 가며 그리스도의 장성한 분량이 충만한 데 이르기까지 인격을 다듬어 가야 합니다. 성령의 열매도 인격적 성품을 말하고 있고, 산상수훈도 인격과 밀접한 관련이 있습니다. 팔복을 보십시오. 온유한 자, 심령이 가난한 자, 의에 주리고 목마른 자, 청결한 자가 복이 있다고 했습니다. 사실상 영적인 인격 요소입니다.

의미와 가치를 추구한다는 것은, 다른 말로는 하나님의 뜻을 추구하는 것입니다. 우리는 하나님 나라의 가치, 성경적 가치, 진리의 가치, 영원에 대한 가치를 바라보며 살아갑니다. 그것이 우리 삶의 목표라고 인식하고 있기 때문입니다. 그런 측면에서 본다면 무엇에 의미를 두고 살아갈 것인가, 지금 내가 하고 있는 사역은 과연 어떤 의미를 띠고 있는가, 또 내가 갖고 있는 가치는 성경적 가치와 하나님 나라 가치와 얼마나 연결되어 있는가를 되묻는 작업이 필요합니다. 이것을 가꾸어 가는 것도 영적 저능을 높이는 길입니다.

비전을 추구하는 것도 의미와 가치를 추구하는 것과 비슷합니다. 비전은 하나님께서 우리에게 분부하신 일, 사명입니다. 하나님께로부터 온 비전 위에 우리 삶을 세워 나가고 개발해 나가고 인지하는 능력도 영적 지능이라고 부를 수 있을 것입니다.

간혹 자신의 욕망을 하나님의 비전으로 착각하기도 합니다. 그 비전이 하나님께로부터 온 것인지 아닌지를 구분하려면, 비전이 궁극적으로 추구하는 바가 이웃을 향하는 것인지 아니면 자기를 향하는 것인지를 보면 됩니다. 만약 자기가 원하는 것을 내포하고 있다면 그것은 인간적인 것입니다.

또 다른 요소로 성품은, 인격과 다소 유사해 보입니다. 그러나 인격이 한 사람이 가지고 있는 인품의 격이라면 성품은 후천적으로 개발이 가능한 부분입니다. 성품이 개발되는 것을 영적 지능 개발이라고 말할 수 있습니다. 저는 성품이란 예의와 밀접한 관련이 있다고 생각합니다. 예의 바른 사람은 품격이 있다고 말하기도 합니다. 저는 우리 그리스도인이, 특별히 영적 리더라면 더더욱 예의를 잘 지키는 사람이 되어야 한다고 생각합니다.

2) 감성적 지능

자기 인식은 리더에게 굉장히 중요한 출발선입니다. 자화상, 자신의 정체성이라고 표현할 수도 있습니다. 자기 정체성이 분명한 사람이 공동체를 분명하게 이끌어 갈 수 있습니다. 리더가 하나님의 종이라는 사실을 명확하게 인식할 때 영적 리더로서의 면모를 보여주기 때문입니다. 리더가 종 된 자임을 잘 아는 사람은 함부로 주인 행세를 하지 않습니다.

자신을 인식했다면 그다음에는 타인의 정서를 인식해야 합니다. 이해와 용납, 용서, 상대방의 입장을 충분히 고려하는 것이 타인 정서 인식의 중요한 요소입니다. 타인 정서 인식은 더 나아가 사회적 인식으로 발전할 수 있습니다. 그러다 보면 인간관계 관리 능력이 자연스럽게 발전합니다. 이것도 감성 지능의 요소입니다. 감성 지능을 개발하면 자연스럽게 대인 관계 감수성도 발전하게 됩니다.

감성 지능이 개발되면 동기 부여 역량도 발달하게 됩니다. 사실을 사실대로 전달하는 것은 누구나 할 수 있습니다. 주로 논리적인 사람이 전달 능력이 좋은데 그렇다고 해서 사람이나 사회가 바뀌지는 않습니다. 변화에 대한 동기가 부여되지 않았기 때문입니다. 동기 부여는 논리에만 국한되지 않습니다. 논리와 감성, 그리고 의지, 이 세 가지가 결합될 때 비로소 동기가 부여됩니다. 그러므로 동기 부여 역량을 키울 때 감성 지능도 개발될 것입니다.

감성 지능

자기 정서인식과 관리
타인 정서인식
인간관계 관리 능력
동기 부여 역량

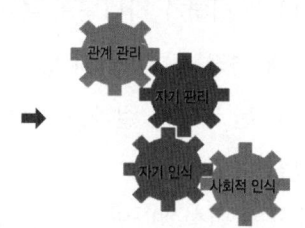

3) 지적 지능

지적 능력도 영적 지능의 한 부분입니다. 리더라면 지적인 재능을 계발하고 육성하는 노력이 필요합니다. 지적인 능력과 지능을 계발한다는 것은 분석력을 키우는 것입니다. 논문을 쓸 때는 가설을 검증하는 과정이 꼭 필요합니다. 내가 주장하는 것이 논리적으로 타당한가를 분석하고, 계층적 분석을 통해 추론해 나가는 것입니다. 추론은 예측해 보는 것입니다. 분석하고 미래를 예측하는 것은 리더에게 매우 중요한 요소입니다.

전략적으로 사고하는 힘도 지적 지능의 한 요소입니다. 달리기는 누구나 할 수 있습니다. 그러나 마라톤은 아무나 할 수 없습니다. 꾸준한 훈련도 필요하지만 전략도 필요합니다. 42.195킬로미터를 전략 없이 내달리다가는 중도에 포기할 수밖에 없습니다. 이처럼 교회 공동체도 즉각적인 대응과 함께 전략적 사고를 갖추어야 합니다.

그리고 언어 구사력도 지적 지능의 중요한 요소입니다. 특히 설교를 해야 하는 목회자는 언어 구사력이 탁월해야 합니다. 그러기 위해서는 독서와 언어 공부를 통해 문장을 익혀 나가는 것이 필요합니다.

이해력과 수용력도 지적 지능의 요소입니다. 얼핏 보기에는 감성적 지능 같지만 그렇지 않습니다. 사실 목회자는 자신과 반대되는 의견을 듣는 데 능숙하지 못한 경우가 많습니다. 복음이라는 진리는 타협할 수 없다고 생각하기 때문이지요. 그렇다고 해도 비본질적인 부분에까지 고집을 피울 필요는 없으므로, 열린 귀와 겸허한 마음을 가져야 합니다. 내가 알고 있는 것이 전부라고 생각하는 편향성을 뛰어넘는 지적인 재능들을 회복해 나가면 좋겠습니다.

지적 지능의 가장 기본적이고도 중요한 요소는 학습력

이 아닐까 합니다. 내가 부족해서, 모자라서, 열등해서 배우는 것이 아닙니다. 누구에게든 어디서든 마음을 낮추고 배울 수 있다는 겸양적 자세는 지적 지능을 개발하는 데 꼭 필요한 요소입니다.

지적 능력

- 분석·추론
- 사고: 전략적
- 언어 구사력
- 이해력과 수용력
- 탐구력: 학습력

4) 신체 지능

마지막으로, 신체적 지능을 개발해야 합니다.

리더는 자기 관리를 잘해야 합니다. 자기 관리에는 건강 관리도 포함되어 있습니다. 내가 건강해야 하나님께서 맡겨 주신 사명도 잘 감당할 수 있습니다. 물론 우리의 생명은 하나님께 달려 있습니다. 그러나 우리가 이 땅에 살아가는 순간에는, 그 시간이 하루뿐이라 해도 건강을 유지하는 일은 사역에도 꼭 필요한 일입니다.

신체적 지능은 건강뿐 아니라 이미지 경영, 이미지 관리와도 관계가 있습니다. 리더는 계속해서 이미지를 관리해야 합니다. 그렇다고 해서 화장하고 치장하라는 말은 아닙니다. 내면을 채우면 그 내면이 이미지로 드러난다는 의미입니다. 충만한 영성이 신체적 지능 개발을 일으킵니다.

열정적으로 살아가는 것도 신체적 지능의 하나라고 생각합니다. 저는 가볍게 걷는 것도 좋고, 부드럽게 말하고, 활동하는 것도 좋아합니다. 그러나 영적 리더에게는 하나님이 주시는 힘이 있으므로 열정적으로 사역을 감당하는 부분도 분명히 있어야 합니다.

열정이라고 하면 저는 늘 사도 바울이 생각납니다. 성지순례를 하면서 사도 바울의 선교여행 여정을 밟아 보면 정말 그 열정에 놀라고 또 놀랍니다. 오늘날 비행기나 배, 자동차로 다녀도 가까운 거리가 아닌데, 그 옛날에 그 먼 거리를 다녔다는 것은 열정이 아니라면 불가능했을 것입니다.

신체지능

- 건강 관리
- 이미지 관리
- 열정

여러분, 리더는 반드시 리더십과 영성을 함께 함양해야 합니다. 우리보다 앞서 간 많은 리더들에게서 리더십을 배우는 일은 목회자뿐 아니라 교회 안의 여러 지체들과 리더에게도 꼭 필요합니다. 우리 모두가 각자 어떤 재능을 개발해야 할지 진지한 노력을 통해 영적 리더에게 요구되는 지능을 갖추어 선한 영향력을 끼칠 수 있게 되기를 진심으로 바랍니다.

위대한 리더의 유산

2부

좋은 리더에서 위대한 리더로

16장

리더십의 단계

💬 이 장에서는 '나는 지금 어디로 가고 있는가? 나는 어떤 리더인가?'를 되묻고자 합니다.

내비게이션을 작동시키면 목적지를 향해 갈 때 항상 현재 위치부터 찾습니다. 내가 공동체를 이끌어 갈 때 내가 어디까지 가야겠다는 것도 중요하지만, 현재 내가 어떤 위치에서 리더십을 발휘하고 있는지를 아는 것도 중요합니다. 그래서 각자가 서 있는 리더십의 단계부터 살펴보려고 합니다.

리더십은 낮은 단계부터 향상되어 가야 하며, 이 성장

은 리더에게 매우 중요합니다. 그러나 어떤 단계의 리더십을 발휘해야 하는지도 매우 중요합니다. 용어를 정의할 때 '리더십의 다섯 가지 단계'라고 하면 너무 계층적으로 이해할 것 같아서 고심했습니다. 그러다가 다섯 가지를 다 포함하고 있는 리더의 유형으로 정의하였습니다.

리더십은 두 가지 측면이 있습니다. 하나는 프런트 스테이지(front-stage) 리더십이고, 다른 하나는 백 스테이지(back-Stage) 리더십입니다. 이것은 리더십 유형을 말하는 것이 아니고 리더십을 어떤 관점에서 보느냐입니다. 사람들은 대부분 앞에서 보이는 것만 리더십이라고 생각하는데 그렇지 않습니다. 실제로 보이지는 않지만 백 스테이지의 리더십이 매우 중요합니다. 사람들에게 실망을 주는 리더들은 대개 프런트 스테이지 리더십만 드러냅니다. 말로는 번지르르한데 그 리더십의 뒷면을 보니 실망스럽고 불만족스럽다고 평가하는 것이지요.

이 장에서는 두 가지 측면을 견주어 보며, 리더십을 어떻게 단계적으로 만들어 가고 세워 가야 하는지에 대해 함께 이야기하려고 합니다.

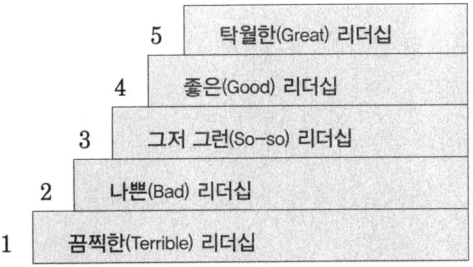

위의 표는 리더십을 다섯 유형으로 나눈 것입니다. 우리가 도달해야 하는 리더십의 정점은 탁월한 리더십입니다. 끔찍한 리더십, 나쁜 리더십, 그저 그런 리더십을 지나서 좋은 리더십으로 또다시 탁월한 리더십, 위대한 리더십의 자리에까지 가야 합니다.

그렇다면 위대한 리더십, 좋은 리더십은 긍정적인 요소만 있을까요? 끔찍한 리더십은 긍정적인 요소가 하나도 없을까요? 그렇지는 않습니다. 모든 리더십에는 리더십의 단계가 다 들어 있습니다. 그중에 좋은 리더십 요소와 나쁜 리더십 요소가 더 크고 적고의 차이로 리더십의 단계가 결정됩니다. 끔찍한 리더십에도 좋은 리더십의 요소가 존재하고, 탁월한 리더십에도 나쁜 리더십의 요소가 존재합니다. 이 사실을 짚고 넘어가야 합니다. 이 사실을 놓치기 때문에 오해가 생깁니다.

"우리 목사님은 굉장히 좋은 리더십을 가지고 계신데

왜 갑자기 저렇게 화를 내시지?"

이것은 오해입니다. 좋은 리더라도 상황에 따라 끔찍한 리더십, 나쁜 리더십이라고 부르는 영역이 드러날 수 있습니다. 예수님을 생각해 보십시오. 예수님께서 성전에 가셨을 때 장사치들이 성전에 자리 잡고 있었습니다. 그때 예수님은 분노하셨습니다. 장사치들과 바리새인들에게 욕을 하셨을 뿐만 아니라 장사하는 상을 뒤엎으셨습니다. 이렇게 화내고 분노하는 모습은 나쁜 리더십으로 비칠 수 있습니다. 그러므로 상황에 의해 나쁜 리더십의 요소가 드러난 것인지, 아니면 나쁜 리더십의 단계에 머문 리더의 모습이 여실히 보이는 것인지 구별할 수 있어야 합니다.

이제 리더십을 하나씩 살펴봅시다.

끔찍한(Terrible) 리더십은 이름에서도 드러나듯 나쁜 리더십입니다. 이 유형에게 드러나는 공통점 다섯 가지가 있습니다.

첫째, 단기 성과에 집중합니다. 멀리 바라보지 못하고 눈앞에 있는 것에 집중합니다. 지금 당장 실적을 내고 싶어 합니다.

둘째, 보여주기 행사에 치중합니다. 앞부분에서 언급한 프런트 스테이지 리더십에 속한 이 유형의 리더는 자신을 드러내는 것을 좋아해서 행사를 참 많이 합니다. 이것이 매 행사가 끝난 후 허무함을 느끼는 이유이기도 합니다.

셋째, 그러기에 자연스럽게 이벤트형 리더십을 추구하게 됩니다. 주로 행사를 주도하거나 프로그램을 진행합니다. 이런 유형은 이벤트를 기록에 남기기 위해 사진 찍기를 좋아합니다. '남는 건 사진뿐이야'라는 말을 자주 사용하는 사람은 이 유형일 확률이 높습니다.

넷째, 독선적입니다. 그리고 다섯째, 수용력이 결여되어 있습니다. 두 가지를 함께 이야기하는 것은, 혹시 내가 이렇게 독선적이고 남의 말을 듣지 않는 사람인지 아닌지 점검해 보았으면 하기 때문입니다. 리더가 아니더라도 이런 요소를 가진 사람과는 대화하는 게 참으로 어렵습니다. 자기 생각만 주장하면서 다른 사람의 말은 듣지 않기 때문입니다. 그러나 적어도 이 책을 읽는 여러분은 이 리더십에서는 최소한 한 단계 이상 벗어나 있다고 확신합니다.

끔찍한(Terrible) 리더십보다 조금 나은 나쁜(Bad) 리더십은 어떤 유형일까요? 여기서 주의할 것이 있습니다. 제가 이제부터 설명하는 '나쁘다'라고 말하는 특성이 모두 틀리고 잘못된 것이라고 생각하지는 말아야 합니다. 예를 들어, 항상 피곤한 리더는 나쁜 리더십 유형이라고 할 수 있습니다. 그렇다고 피곤하면 안 될까요? 사람은 누구나 피곤할 수 있습니다. 다만 그 영역, 그 자리에 계속 머물러 있다면 나쁜 리더십을 가진 사람입니다.

나쁜(Bad) 리더십
1) 바쁜 사람　　　　　4) 분주한 사람 2) 피곤한 사람　　　　5) 나무만 보는 사람 3) 우유부단한 사람

그래서 리더는 분주하면 안 됩니다. 분주함과 부지런함은 다릅니다. 분주한 사람은 우선순위가 없이 그냥 주어지는 대로 이것저것 처리하는 사람이고, 부지런한 사람은 일의 순서를 정해서 우선순위대로 차근차근 하는 사람입니다. 나쁜 리더십을 가진 리더는 분주하여 매우 바쁘게 보입니다. 우유부단합니다. 늘 피곤합니다. 이러한 이유들 때문에 나쁜 리더가 있는 공동체는 숲을 보지 못합니다.

그저 그런(So-so) 리더들은 어떤 특징이 있을까요? 그런 공동체, 구성원은 그들을 좋아합니다. 갈등이 없습니다. 그러나 성과도 없습니다. 실패를 두려워하여 그 자리에서 움직이지 않기 때문입니다. 실패도 경험이 되며, 그 경험은 다음 기회에 실수를 줄이는 바로미터가 될 수 있습니다.

그러므로 그 자리에 머물기만 하는 리더는 좋은 리더가 아닙니다.

이런 리더들은 자기 함몰을 많이 합니다. 좋은 리더, 탑 리더가 되지 못하는 대부분의 사람들은 현상 유지에 만족합니다. 특히 은퇴 시기가 멀지 않은 리더, 오래된 리더일수록 이럴 확률이 높습니다. '이 정도 했으니까 되었다'고 생각하는 것입니다.

그렇다면 좋은(Good) 리더는 어떤 리더일까요?

첫째, 인품이 좋습니다. 이 말은 그저 그런 리더처럼 사람은 좋다는 것과는 다른 의미입니다. '착하다, 어질다'는 측면이 강하다면 그는 좋은 리더입니다. 성품이 좋아서 배려, 경청, 격려, 칭찬을 잘합니다. 그들의 말은 적극적이고 능동적인 부분이 많습니다. 이런 면을 인품이 좋다고 하는 것입니다.

둘째, 사람을 아낍니다. 사랑할 줄 압니다.

셋째, 어떤 결과를 지속적으로 만들어 냅니다.

넷째, 동역합니다. 좋은 리더는 조직을 관리하면서 자기가 전부 다 하려고 하지 않습니다. 다른 구성원에게 권한과 책임을 동시에 부여하고, 일을 나누어 함께합니다. 혹시 책임을 물어서 구성원에게 상처를 주는 것은 아닌지 고민하는 리더도 있는데, 책임을 물어야 그 사람이 성장합니다. 좋은 게 좋다고 그냥 넘어가면 사람만 좋다고 말하는 그저 그런(So-so) 리더일 뿐입니다.

다섯째, 좋은 리더는 미래를 해석해 냅니다. 미래가 어떻게 될지 예측하고 그것에 대해 고민합니다. 미래는 우리의 비전과 맞물려 있기 때문입니다. 미래를 해석해서 지속적으로 자신과 공동체의 발전을 도모합니다.

탁월한(Great) 리더는 사람을 세우며, 다른 사람이 세워진 것 자체를 자기 일처럼 기뻐합니다. 그리고 위로든 아래로든 의사소통에 막힘이 없는 사람입니다.

앞에서 말했던 리더십의 프런트 스테이지(front-stage)와 백 스테이지(back-stage) 이야기를 살펴보겠습니다. 위대한 리더가 되기 위해 우리는 프런트 스테이지 리더십을 도모해야 합니다. 동기 부여를 하고 동시에 비전을 제시합니다. 그러나 결국 위대한 리더십은 백 스테이지 측면에서 그 진가를 발휘합니다. 동기를 부여하고 비전을 제시하고 이미지를 관리하는 프런트 스테이지와 동시에, 뒤에서 앉아서 연구하고, 미래를 읽어 내고 이에 어떻게 대응할 것인지를 고민하는 것은 백 스테이지 리더십이기 때문입니다.

여러분, 리더십은 하루아침에 일어나지 않습니다. 우리는 지금 당장 훌륭한 리더가 되지 못하더라도 끊임없이 이 단계를 쌓아서 올라가야만 합니다. 그 단계 하나하나가 쌓여 좋은 리더십, 훌륭한 리더십을 이룰 것입니다.

17장

브랜드 리더십

존 맥스웰은 리더십을 '영향력'이라고 했습니다. 실제로 어떤 사람이 어떤 영향력을 주는가 하는 것을 우리는 리더십이라고 말합니다. 우리 모두는 알게 모르게 주변 사람들이나 다른 사람들에게 영향을 주고 살아갑니다. 그렇다면 우리 모두는 리더십을 가지고 있다고 생각합니다. 우리 개인도 브랜드이고, 여러분이 소속되어 있는 교회도 브랜드입니다. 우리가 속해 있는 단체가 어떤 곳이든 각각이 하나의 브랜드입니다. 그렇다면 브랜드인 저와 여러분과 우리 공동체와 교회, 그리고 기관과 조직은 어떻게 외부에 영향력을 주어야 할까요? 리더십의 강도와 전파력, 영향력을 어떻게 퍼져 나가게 할까요? 이것은 매우 중요한 문제입니다.

전 세계에 많은 영향력을 주는 그룹 BTS를 통해서 브랜드 리더십 이야기를 풀어보겠습니다. BTS와 아미(ARMY) 곧 그들의 팬은 대중음악과 글로벌 음악계에 지대한 영향력을 미치고 있습니다. 미국에서는 BTS를 거론하지 않고서는 학교에서 도무지 대화가 되지 않는다고 얘기할 정도로 BTS의 영향력은 온누리에 퍼져 있는 것 같습니다.

BTS의 성공적인 공식에는 중요한 요소 두 가지가 있습니다. 하나는 소셜 미디어의 성공적인 개념을 이끌어 준 것이고, 또 하나는 BTS의 스토리입니다. 이것은 굉장히 중요한 의미를 가집니다. 교회를 봅시다. 지금 교회는 제4의 공간적 개념으로 나아가야 합니다. 그런 맥락에서 소셜 미디어는 단순히 온라인 네트워크 개념에서 범주를 확장하여 우리 교회가 추구해 가야 하는 매우 중요한 매개체라고 하겠습니다. 소셜 미디어를 통한 전략적 접근과 홍보 기획으로 파급 효과를 만들어 내는 것은 교회에서 전도의 중요한 요소가 될 것입니다.

물론 그 안에는 우리 기관만의 이야기, 우리 교회만의

이야기, 나의 이야기가 내포되어야 합니다. 이런 점을 볼 때 브랜드의 아이덴티티(Identity)가 굉장히 중요하다는 것을 알 수 있습니다. BTS의 아이덴티티는 무엇일까요?

첫째, BTS는 주요 타깃을 아주 명확하게 했습니다. 여기서 우리는 많은 통찰을 얻을 수가 있습니다. 목회를 예로 든다면, 전 세대를 아우르는 것이 목회이지만 점진적으로 여러 세대 가운데 특정 세대를 겨냥하는 목회 전략이 필요하다는 것입니다. BTS는 소위 밀레니얼 세대와 Z세대를 겨냥해서 음악을 만들고 구현하고 있다고 했습니다.

둘째, 대상의 욕구(니즈, needs)를 이해했습니다. 타깃이 명확하니까 그들의 욕구도 정확하게 이해할 수 있었습니다. 그래서 공감대 형성이 원활하고 파급 효과가 컸습니다. 리더도 공동체 구성원의 니즈와 우리가 속해 있는 지역사회의 니즈를 파악하는 것이 매우 중요합니다. 이것은 리더십의 한 요소가 됩니다.

셋째, 주요 타깃의 욕구를 파악하고, 아울러 그들과 공감할 수 있는 메시지를 담았습니다. 그들은 음악을 통해 자신의 일관된 메시지를 전달하고 있습니다. 이것은 결코 쉬운 일이 아닙니다. 그래서 이들의 인기가 하늘을 찌르는 것입니다. 많은 사람들이 환호하게 되는 배경은 한 곡 정도가 아니라 BTS의 모든 음악에서 동일한 메시지를 전달

받았기 때문입니다.

  몇 가지를 함께 보겠습니다.

  '화양연화'는 방랑하기에 아름다운 청춘의 이야기를 함께 담아 노래를 부르고 있습니다.

  "What am I doin' with my life 이 순간은 언제든 다시 찾아오지 않아 다시 나에게 되물어 봐 지금 행복한가 그 답은 이미 정해졌어 난 행복하다."

  우리의 젊은 세대가 방황하고 있는 것을 아름다운 청춘의 이야기로 그리고, 우리 사회 내부로 새로운 메시지를 담아내고 있습니다. 공감대를 형성하여 사람들에게 필요한 것을 공급해 주는 것입니다.

  'Love yourself'는 나 자신으로 온전히 살아가는 법을 찾기 위한 노력을 담은 이야기를 하고 있습니다.

  "Hater들은 많지 But no problem, I kill 날 묻기 위해 내 커리어에다 파대는 삽질 But I don't care You can't control my 쉿 불신을 참아 낸 닌자가 돼 다시 돌아왔지."

  단순한 소통이 아닌 공감과 신뢰에 기반을 둔 양방향 소통이라는 놀라운 아이덴티티를 형성하고, 이것을 음악에 담아 그들의 노래로 전 세계를 울렸습니다. 그러므로 그들이 타깃으로 삼는 세대에게 끼치는 영향력은 가히 브랜드 리더십이라고 해도 손색이 없을 것 같습니다.

'Map of the Soul'은 또 어떤 노래인가요? 제목만 봐도 전율이 느껴지지 않습니까? 직역하면 '영혼의 지도'입니다.

"욱해 욱해 나는 욱해 욱해 나는 악의에 가득 찬 분노에 분노해 나는 꺼져야만 했던 그 분노에 분노해."

나의 어두운 면까지 포용하고 성장하기 위한 노래입니다. '나는 달라, 너희들과 나는 달라'라고 외칩니다. 우리는 누구나 다릅니다. 이런 진정성으로 소통하는 놀라운 메시지를 우리 모두가 함께 경청해 볼 필요가 있다고 생각합니다.

대부분의 대중음악이 사랑이라는 주제에서 벗어나지 못하는데 이들은 자신들의 아이덴티티를 계속해서 노래에 담아 선포합니다. 동일 집단에게 파고들어가는 메시지를 일관성 있게 노래로 선포하는 것은 참으로 놀라운 행보입니다.

강의처럼 눈에 보이지 않는 결과물이든 제품처럼 눈에 보이는 결과물이든, 우리 역시 그 안에 이 세대와 이 땅, 이 세상과 공감할 수 있는 요소를 포함시켜야 할 것입니다. 이 세대와 교감하고 이 지역 사람들과 교감하고 이 세대를 살고 있는 사람들과 공감대를 형성하는 메시지를 담아 세상으로 내보내야 합니다.

BTS가 개개인의 정서와 필요를 공급하는 정체성을 담은 노래를 하고 있기 때문에 다들 BTS를 외칩니다. 여러분과 저도 이러한 음악과 또 이처럼 대중적으로 접근해 가는 방식을 연구하고 고민하여 각자에게 적용해야 합니다. 이런 아이덴티티를 가진 BTS는 정체성을 다음과 같이 말합니다.

"'10대와 20대의 사회적인 편견과 억압을 막아 내고 우리의 음악과 가치를 지켜 내겠다.' 이것이 BTS의 의미이다."

놀랍지 않습니까? 한 그룹이 자기의 정체성을 명확하게 표명하고 실천하고 있습니다. 그냥 노래하는 것이 아닙니다. 저와 여러분도 이 땅에 존재하는 목적이 명확하게 드러나는 정체성을 가지고 있어야 하고, 이를 설명할 수 있어야 하며, 자신의 정체성에 공감할 수 있어야 합니다. 브랜드 아이덴티티가 이와 같은 내용들을 함축하고 있을 때 비로소 영향력이 일어날 것입니다. 영향력을 주는 것 자체가 이미 리더십입니다.

그러면 자신의 가치를 어떻게 브랜드화할 수 있을까요?

가장 먼저는, 자신의 성향을 드러내는 것이 필요합니다. 리더는 자신의 강점과 잠재력과 역량과 실력을 그대로 드러낼 수 있어야 합니다. BTS의 노래에는 멤버들 한 사람 한 사람의 성향이 다 녹아 있습니다.

둘째, 자신의 체득화를 지속적으로 관리해야 합니다. 그들은 그들에게 없는 이야기를 가져오는 것이 아니라 체득화된 삶을 노래와 연결시킵니다. 또 BTS는 멤버들의 특성을 담아내는 노래와 콘텐츠를 지속적으로 제작하고 있습니다. 이것이 영향력입니다.

셋째, 그들은 결코 모방하거나 다른 어떤 것에 편승하지 않고, 자신의 이미지에 걸맞는 이미지 경영과 광고 콘셉트를 지속적으로 이어갑니다. 일관성이 있다는 얘기지요. 이것은 우리 교회, 우리 공동체, 우리 사회, 우리 조직, 우리 가정에도 필요합니다. 모든 것이 하나를 향해 일체감을 갖게 하는 것 또한 매우 중요한 브랜드 아이덴티티입니다.

브랜드는 철저하게 근본, 본질에 근거합니다. 그렇다면 근본은 무엇일까요?

첫째, 고객의 체험입니다. 서비스 회사라면 고객이 최고의 서비스라고 느낄 수 있어야 하고, 제품을 만들어 파는 회사라면 제품에 감격하는 경험을 주어야 합니다. 교회라면 성령을 체험하게 해야 합니다. 지금은 온라인, 비대면 예배와 모임을 해야 하지만, 코로나 이후에 다시 교회에서 대면 모임을 할 때 하나님을 만나고 성령을 체험하게 하는 일이 매우 중요합니다.

둘째, 우리는 지속적으로 혁신하고 변화해야 하지만, 그렇다고 해도 본질은 잃지 않아야 합니다. 본질을 잃는 것은 변화가 아니라 변질입니다.

셋째, 자기 경영입니다. 자기 경영은 모든 리더의 본질적 자세입니다. 자기 경영은 브랜드 아이덴티티를 지속하는 데 결정적으로 영향을 주는 요인 중 하나입니다.

넷째, 팀워크도 중요합니다. 리더라는 것은 공동체 내에 다수의 구성원이 있음을 전제로 합니다. 구성원이 팀이나 부서로 구분되었을 수도 있고, 조직 없이 자유로운 체제의 공동체일 수도 있습니다. 이들이 한마음 한뜻이 되는 팀워크가 정말 필요합니다.

다섯째, 브랜드 아이덴티티는 결코 본질 외의 것을 추구하지 않습니다. 오직 본질로 돌아가는 것, 본질을 추구하는 것이 브랜드 아이덴티티입니다.

결국 리더십은 영향력입니다. 자기 자신을 초월하는 리더십은 결코 없습니다. 그러므로 자신의 정체성을 분명하게 정리해야 합니다. 정체성의 담론이 우리 메시지와 설계와 교육과 만남 속에서 지속적으로 공유되어야 합니다. 체득화된 자신의 삶이 메시지에 녹아 들어가야 합니다. 그래서 브랜드 리더십을 세우고, 또 지속적으로 그 영향력을 평가해야 합니다. 자기 성찰과 반추를 이어 나가야 브랜드 리더십 또한 지속될 것입니다.

18장

전환기 영적 리더십

변화의 때에 변해야 한다는 것은 누구나 잘 알고 있습니다. 그런데 언제 어떻게 변해야 할지는 잘 모릅니다. 따라서 리더에게는 변화의 시기와 방법을 분석하고 판단하는 것이 매우 중요합니다.

전환기는 새로운 세상, 새로운 사회와 변화에 직면했음을 뜻합니다. 우리가 선택하여 온 변화가 아닙니다. 현대 사회는 가히 전환기라고 할 수 있습니다. 새로운 세상이 다가오고 있습니다. 21세기를 맞이한 것이 불과 20년 전인데 벌써 전환기가 찾아왔습니다. 우리가 어떻게 대응할지

연구 결과가 나오기도 전에 이미 새로운 사회가 도래해 버렸습니다. 코로나 팬데믹은 전환기를 더욱 가파르게 만들었습니다.

그렇다면 전환기에 직면한 리더는 어떤 리더십을 발휘해야 할까요? 전환기를 맞닥뜨린 삶 속에서 리더는 어떤 영향을 끼쳐야 할까요?

이 장에서는 리더의 범위를 조금 축소해서 목회자 위주로 이야기를 하려고 합니다. 오늘날 영적 리더십이 위기에 직면했기 때문입니다. 리더십 가운데 영적 리더십은 일반 리더십과는 구별되는 고유성이 있습니다.

질문 하나 드리겠습니다. 20세기 건물에서 19세기 리더십으로 21세기 사람들을 이끌고 있는 놀라운 공동체가 있습니다. 어디일까요? 바로 교회입니다. 현재 교회당 중에는 20세기에 지은 것이 많습니다. 리더십은 19세기의 것 그대로인데, 목회 대상은 21세기를 사는 사람들입니다. 세 개의 세기가 혼재하는 상황이 혼란을 주고 있지 않을까요?

교회는 19세기 리더십이 지금도 존재할 만큼 보수적인 공간입니다. 변화하지 않았다는 말입니다. 그러나 세상은 빠르게 변하고 있고, 사람들도 그만큼 변하고 있습니다. 기업체들마다 혁신과 변화를 도모하고, 비영리 단체들도 그 모습을 바꾸고 있습니다. 세상이 변화하면서 교회를 향한 시선과 기대 역시 달라졌습니다. 따라서 기존의 영적 리더십에 위기가 오는 것은 당연할지도 모릅니다.

목회자가 교회로부터 권고사직을 받기도 하고, 목사 채용 공고를 통해 교회가 목회자를 고르기도 합니다. 성도 수가 줄어들고 폐쇄되는 교회가 늘어나다 보니 교회도 기업처럼 M&A가 진행됩니다. 교인들의 충성도도 변했습니다.

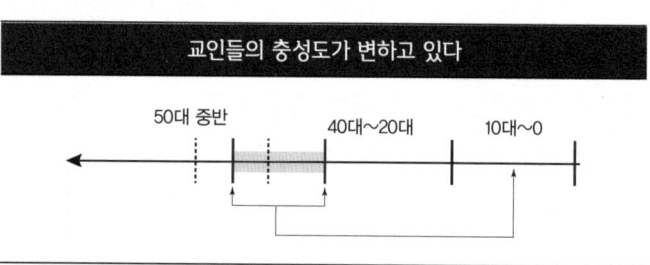

40대 중반에서 50대 중반까지가 대체로 교회의 핵심 그룹입니다. 헌신과 충성도가 높아서 물적 자원과 인적 자원을 든든히 지원해 줍니다. 이들의 자녀들인 10대, 청소년 세대도 함께 교회 안에 있어서, 기성 세대와 다음 세대 모두 안정세를 보이며 균형을 유지하고 있었습니다.

그런데 지금은 40대가 흔들리기 시작했습니다. 40대의 헌신과 충성이 줄어들었습니다. 교회에 헌금하기보다 세상에서 도움을 필요로 하는 곳에 기부하는 빈도가 늘었습니다. 또한 사회적 거리두기라는 불가항력적 요소 때문에 교회 참석율이 떨어지는 것도 교회 충성도를 떨어뜨리는 한 요인이 되었습니다.

교회마다 교회학교 규모가 축소되고 다음 세대 신앙 교육에 위기가 온 지 오래되었습니다. 교인의 연령이 높아지고, 예배당은 점점 비어 갑니다. 이는 서구 교회가 이미 겪은 현상입니다. 이제 교회는 노인만 운집될 가능성이 높습니다. 그야말로 위기 앞에 서 있는 것입니다.

교회 공동체의 이미지도 바뀌고 있습니다. 코로나로 비상 사태를 맞이했을 때 교회가 보인 행보는 교회를 이기적인 단체로 인식시켰습니다. 팬데믹이 끝난 후 교회가 거룩한 곳, 영적인 공동체, 사회에 반드시 필요한 장소라고 이야기할 수 있을까요? 교회의 포지셔닝은 매우 위태롭습니다.

그러므로 세상 사람들에게 교회가 어떤 이미지로 비치고 있는지를 연구해야 합니다. 그래서 교회 사역의 철학이 바뀌어야 한다고 생각합니다. 교회는 어떤 공간인지, 앞으로 어떤 방향으로 가야 하는지 진지하게 물어야 합니다.

저는 교회에 제3의 공간적 교회와 제4의 공간적 교회를 제안합니다. 예전에는 교회가 무엇이었는지, 교회 공간은 과연 무엇을 위해 존재해야 하는지 질문을 해야 합니다. 저는 이것이 영적인 리더십이라고 생각합니다.

세상은 이미 제4의 공간과의 대화를 시작했습니다. 지난 날 한국의 사회, 경제, 문화 환경을 선도해 온 교회를 생각하면, 세상보다 여러 면에서 뒤처지는 것 같아 씁쓸합니다.

교회가 제4의 공간으로 변모한다는 것은, 건물이라는 물리적인 공간과 디지털 공간 사이의 매개 역할을 한다는 것을 의미합니다. 그리고 고정된 개념의 공간 사용을 뛰어넘는 지능형 벽을 통해 교회를 유동적인 공간으로 활용하여 지역 사람들의 문화 환경을 제공한다는 것입니다. 또한 교회 공간은 생각하는 대로, 교인들의 요청에 따라, 지역의 필요에 따라 고착된 공간의 이미지를 벗고 보이지 않는 본질에 충실하게 된다는 의미입니다.

전환기 영적 리더십의 구체적인 모형을 말하기 전에 세 가지 필수 요소를 체크해야 합니다.

첫째, 환경을 바꾸어야 합니다. 빠른 속도로 바뀌어 가는 세상의 변화에 민감하게 적응하자는 차원이 아닙니다. 그것을 넘어서서 변화를 선도하기 위해서는 우리 공동체, 개인이 각자 환경의 변화를 도모해야 합니다. 계절이 바뀌면 우리는 거기에 맞게 준비하고 옷을 갈아입습니다. 이것과 똑같습니다. 우리 공동체와 개인도 전환기에 맞게 환경을 준비해서 바꾸어야 합니다.

둘째, 자원의 핵심은 사람임을 인식해야 합니다. 자원은 물적 자원과 인적 자원으로 구분할 수 있는데, 리더는 인적 자원에 역점을 두어야 합니다. 사람을 세우라는 말입니다. 인적 자원을 확보해야 합니다. 전환기의 리더십은 사람에게 집중하느냐 그렇지 않느냐에 달려 있습니다.

셋째, 타이밍이 중요합니다. 기회를 포착해야 합니다. 시기를 놓치면 안 됩니다. 지금 우리는 팬데믹이라는 새로운 장르를 만났습니다. 백신 전쟁까지 겹쳤습니다. 이 시기를 놓친다면 그 나라는 코로나로 인한 어려움이 지속될 것입니다. 백신 접종 시기와 연령은 우리 사회에서도 민감한 사안입니다. 타이밍이 그만큼 중요합니다. 정치, 사회, 경제 모든 분야에 있어서 그 시기를 놓쳐버리면 후발주자는 결국 2인자가 되고 나중에 도태될 가능성이 높습니다. 우리가 잘 알고 있는 기업 코닥이나 소니는 아날로그 시대에는 선두 기업이었지만, 디지털화되는 세상의 변화 속도를 따라가지 못해서 도태되고 말았습니다.

세 가지 필수 요소인 환경, 사람, 타이밍을 전제로 하여, 전환기의 영적인 리더십을 위해서 무엇을 해야 할지 살펴봅시다.

첫째, 리더는 교인들이 역량을 최대한으로 발휘할 수 있도록 만들어 주어야 합니다. 영적인 지도자의 역할이 더욱 중요해졌습니다. 평신도들에게 위임하는 것과 동기 부여에 집중하는 것, 그리고 평신도들이 자발적으로 참여해서 새로운 교회의 형태를 만들어 가게 될 때 비로소 아름다운 열매를 맺어 하나님께 드릴 수 있을 것입니다.

동기를 부여하고, 공간을 제공하고, 평신도 리더들이 하나님께 부여받은 능력과 역량을 100퍼센트 발휘하게 해야 합니다. 이런 상호 보완이 이루어졌을 때, 저는 전도와 성숙과 교회 성장의 열매가 비례해서 성장해 갈 수 있다고 생각합니다.

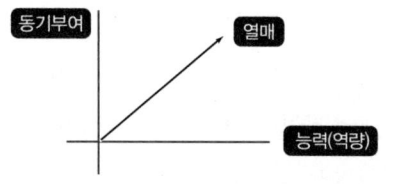

둘째, 의미와 가치 중심으로 이끌어야 합니다. 이것이 동기 부여입니다. 공동체 구성원들로 하여금 의미 있는 일과 가치 있는 일에 헌신할 수 있도록 해야 합니다. 이전에 교회 건물은 내가 교회를 다니고 있다는 상징적인 것이었습니다. 큰 본당을 짓고 교육관을 짓고 수양관을 짓고 기도원을 지었습니다. 세상 사람들에게 상징적으로 보이는 요소에 많은 헌신을 한 것입니다. 그런데 지금 세대는 그렇지 않습니다. 교인들은 교회 건축에 의미를 부여하는 것에 의문을 가지기 시작했습니다.

그러므로 이제는 참된 인생의 의미가 무엇인지, 진정한 교회적 가치가 무엇인지, 성도들의 가치가 어떠해야 하는지에 대해서 교회의 리더가 방향을 명확하게 제시하고, 그 의미와 가치에 헌신하도록 동기 부여를 해야 합니다. 여러분이 지금 꿈꾸고 있는 교회가 추구하고 제시하는 가치가 무엇인지를 숙고해 보시기 바랍니다.

셋째, 그렇기 때문에 교회에서의 리더십도 이전과 달라져야 합니다. 전통적인 조직 운영 방식은 탑다운(top-down) 방식이었습니다. 그러나 이제는 보텀업(bottom-up) 혹은 수평적인 방식으로 바뀌었습니다. 몇몇 앞서가는 기업들은 직책을 다 없앴습니다. 직책을 빼고 이름을 부르게 할 정도로 세상은 변화하고 있습니다.

그런데 여전히 교회는 탑다운 방식을 고수하고 있습니다. 지금이라도 이것을 조심스럽게 반성하고 반추해야 합니다. 저 역시 이 방식이 익숙하지 않습니다. 그럼에도 불구하고 우리는 지금 끊임없이 리더십의 전환을 추구해야 하는 시점에 서 있음을 잊지 말아야 합니다.

넷째, 교회도 목회자 리더 중심에서 평신도 리더 중심으로 바뀌어야 합니다. 단순히 리더만 교체한다는 의미가 아닙니다. 이 말은 많은 것을 함축하고 있습니다. 리더의 의견과 목표만 도모하는 것이 아니라 성도들이 요구하는 것, 더 나아가서는 지역이 요구하는 것을 받아들일 수 있어야 합니다. 이런 방식을 교회가 수용할 수 있을 때 비로소 영적 리더십이 온전하게 설 수 있을 것입니다.

지금 한국 교회에서는 리더를 교체하는 일이 빈번하게 일어나지 않습니다만, 향후에는 이런 조직 체계나 조직 직무 평가 같은 시스템이 교회 안에 들어올 가능성이 매우 높습니다. 저는 총회가 인재 양성과 조직 평가표, 직무 평가표, 담임목사 평가 같은 것을 선도해서 선행적으로 움직여야 한다고 제안합니다. 한국 교회의 교단마다 총회가 있고 그 안에 각종 기구들이 있습니다. 그런데 기구의 변동이 거의 없습니다. 앞으로는 직무평가기구, 인재개발평가기구 같은 기구가 생겨야 합니다.

목회자 그리고 영적 리더 여러분, 지금은 전환기입니다. 영적인 리더십은 나를 따르라고 외치는 것이 아닙니다. 먼저 리더가 변해야 합니다. 영적인 리더가 변해야 공동체의 구성원도 바뀌고 교회가 지속적으로 성장할 수 있다는 것입니다.

   전환기를 맞이하여 영적 리더가 무엇을 해야 할 것인지를 진지하게 고민하여 교회 공동체 안에 좋은 리더십이 뿌리내릴 수 있기를 바랍니다.

19장

리더십 잠재력

 나폴레옹은 이런 얘기를 했습니다.
"리더는 희망을 파는 상인이다."

짧은 구절이지만 매우 중요한 의미가 있습니다. 당시의 상인은 이곳저곳을 다니며 물물 교환을 하거나 물건을 사고 팔았는데, 상호간의 신뢰라는 기반이 없다면 상업을 할 수 없었을 것입니다. 그런 측면에서 '리더는 물건이 아니라 희망과 비전을 파는 사람이다'라는 말은 리더에 대한 대단히 적합한 설명인 것 같습니다.

리더십의 대가 존 맥스웰 목사님의 리더십 잠재력의 일

곱 가지 기준은 제 안에서 리더십 잠재력을 끌어내는 역할을 했고, 동시에 앞으로 어떤 역할을 하고 어떤 삶을 살아야 할까를 생각하며 가졌던 기준표이기도 했습니다. 그래서 이것을 함께 나누려는 것입니다.

그렇다면 잠재적인 리더십을 갖추게 하는 일곱 가지 자질은 무엇일까요?

1) 촉매자

어떤 일이 일어나게 만드는 능력을 촉매라고 합니다. 그러므로 어떤 일이 발생하도록 동기를 부여하고 자극한다는 의미에서 촉매자의 역할을 하는 사람이 잠재적 리더십을 가진 사람이라고 말할 수 있습니다.

제가 미력하지만 목회컨설팅연구소를 설립해서 운영하는 것도 한국 교회에 어떤 촉매적 역할을 해야겠다는 생각 때문입니다. 리더는 촉매자여야 합니다. 작은 단체든 큰 단체든, 어떤 모임에서든 무엇을 하든지 간에 리더라면 항상 잊지 말아야 합니다. 리더는 말하는 것, 행동하는 것 혹은 누군가에게 또 공동체에 선한 동기를 부여하는 촉매자의 역할을 합니다.

2) 영향력

 저는 존 맥스웰 목사님이 "리더십은 영향력이다"라고 하는 말에 매우 동의합니다. 우리는 이미 누군가에게 영향을 미치고 있습니다. 영향력은 리더십의 잠재력 중 하나입니다. 가까이는 친족과 친구, 가족, 공동체 구성원, 더 나아가서는 외부의 직장 동료, 심지어는 우리보다 지위가 훨씬 높은 사람들에게도 영향력을 끼칠 수 있어야 합니다.

 과거처럼 수직적 조직 체계에서는 다른 사람의 눈에 띨 때 승진 속도가 빨랐습니다. 반대로 눈밖에 벗어나면 승진하기가 어려웠습니다.

 그러나 지금은 수평적 관계 시대입니다. 윗사람이 아랫사람의 역량을 보고 그를 기억하고 세우며 기회를 부여하는 시대입니다. 여러분이 속해 있는 곳에서 아랫사람, 동료, 그리고 선배에게도 기억되는 사람이 바로 영향력을 끼치는 사람입니다. 그럴 때 그 잠재력은 뛰어난 리더십으로 발현되어 어느 곳에서도, 또 누구에게나 없어서는 안 되는 존재로 만들어 줍니다.

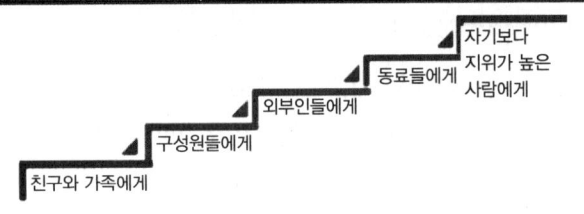

3) 관계 역량

관계 역량이 뛰어난 사람이 리더십 잠재력을 가진 사람입니다. 인간관계는 우리가 생각하는 것처럼 단순하지 않습니다. 필요하기 때문에 인간관계를 만들고 만나기도 합니다. 사람을 사회적 동물이라고 표현할 만큼 사회는 다양한 인간관계와 인맥을 통해 형성됩니다. 그러므로 리더는 관계 역량이 뛰어나야 합니다.

개인적으로 저는 일곱 가지 잠재력 중에서 관계 역량이 늘 약한 편입니다. 성향도 그렇고, 지금까지 살아온 환경도 그렇고, 트라우마도 있어서 관계 역량이 다소 부족합니다. 그럼에도 불구하고 지속적으로 노력하려고 애를 씁니다. 재능을 발견하고 지적 능력을 기르면 대인 관계 역량에 좋은 영향을 주지 않을까 생각합니다. 관계 역량이 부족하다면 자신의 재능을 발굴하고 지적 능력을 향상시켜 나감으로써 좋은 관계를 많이 맺을 수 있으리라 생각합니다.

저는 부족한 관계 역량을 책임감과 신뢰 구축으로 감당하고 있습니다. 또한 주변에 인간관계 역량과 재능을 가진 사람들이 있어서 그분들께 배웁니다. 훌륭한 대인 관계 역량을 세밀하게 관찰하면서 여러분의 역량을 키워 나가시기를 바랍니다.

4) 스토리텔러

리더는 스토리텔러여야 합니다. 하나님께서도 스토리텔러였고, 예수님께서도 스토리텔러였습니다. 저명한 설교자들도 대부분이 스토리텔러였습니다. 설교자는 많은데 왜 스토리텔러라고 따로 말할까요? 스토리텔러는 그냥 이야기를 말하는 것과는 다르기 때문입니다.

스토리텔러는 '자석 같은 사람'입니다. 스토리텔러 주변에 사람들이 모이기 때문입니다. 어릴 때 이야기를 해주시는 할머니 옆으로 손자들이 다 모이지 않았습니까? 이야기를 듣다 보면 이야기 속으로 빨려드는 것을 느낄 때가 있습니다. 그런 기분을 들게 하는 사람이 스토리텔러입니다.

스토리텔러는 또한 자기 삶의 스토리가 있는 사람입니

다. 고난과 역경이 있었지만 잘 이겨 낸 스토리, 혹은 큰 고난은 없었지만 지금의 자기 모습이 되기까지의 삶을 잘 정리하여 이야기로 엮는 사람들입니다. 똑같은 경험도 이야기로 잘 만드는 사람이 있습니다. 그런 사람이 스토리텔러입니다.

그러다 보니 스토리텔러는 다른 사람들과의 감성적 교감을 잘 이룹니다. 타인의 삶과 애환을 헤아려 주고 공감하는 교감력이 뛰어납니다. 스토리텔러 역시 리더십의 잠재력을 가진 사람입니다.

5) 기여

리더는 기여하는 사람입니다. 삶의 의미가 있고, 섬기는 삶을 살며, 그들에게 무엇인가를 부여해 주는 사람을 말합니다. 여기서 기여한다는 말은 단순히 물질적으로 무엇을 기부했다는 측면을 뛰어넘는 일입니다. 누군가에게 기여한다는 것은 곧 사람을 세운다는 것입니다.

예수님께서는 이 땅에 오셔서 공생애를 사는 동안 사람들을 세우셨습니다. 기여하신 것입니다. 그들에게 잠재력을 부여하고 권위를 부여해서 그 사람이 역량을 발휘하도록 해주셨습니다. 열두 명을 세우신 후, 최후의 순간에 그들이 다 예수님을 버렸지만, 예수님께서는 그들을 나 몰라라 하지 않으셨습니다. 성령을 통하여 그들에게 영적인 에너지를 공급해 주시고, 그들이 갈 바를 알아 제자의 길을 가도록 도와주셨습니다.

기여하는 사람은 끊임없이 누군가에게 기회를 부여해 주려고 애를 씁니다. 이런 사람을 '타인에게 기회를 부여하는 기여자'라고 하고, 이것이 바로 리더십입니다. 기여하는 일의 최고 가치는 '사람을 세우는 것'입니다. 사람을 세워서 그가 자기의 역량을 100퍼센트 발휘하도록 돕는 사람, 기회를 창출해 주는 사람, 기회를 제공해 주는 사람이 리더의 잠재력을 가진 사람입니다.

부모는 자녀들이 인생을 잘 살아가도록 기회를 만들어 줍니다. 가정에서 보호하고 학교 생활을 잘하도록 돕습니다. 자녀가 장성할 때까지 어느 정도의 책임을 지는 것은 일종의 기여입니다. 내 가족을 섬기듯 다른 사람도 이렇게 섬기는 것을 보고 우리는 기여한다고 말할 수 있습니다. 기여자는 이 세상을 유익하게 하고 다른 사람도 유익하게 합니다.

6) 기회 포착

기회를 포착하는 것도 리더십의 잠재력입니다. 기회를 만드는 자, 기회를 붙드는 자, 기회를 위해 헌신하는 자가 기회를 포착하는 자입니다.

하나님께서는 우리 모두에게 수많은 기회들을 주십니다. 그런데 왜 실패자와 성공자로 나뉠까요? 하나님이 주신 수많은 기회를 민감하게 읽어 내고, 그것이 하나님께서 내게 주신 기회임을 인식해서 붙잡는 사람은 성공자이고, 기회를 주었음에도 불구하고 그것을 제대로 붙들지 못하는 사람은 실패자입니다.

그러므로 지도자는 기회를 만들어서 다른 사람에게 제공하는 사람임과 동시에 자기에게 다가오는 수많은 기회들을 붙드는 사람입니다.

예를 들어, 저는 코로나19로 온 세계가 많은 어려움을 겪고 있는 이때에, 한국이 새로운 기회를 잡을 수 있기를 고민하고 있습니다. 코로나19 때문에 저도 온라인으로 강의를 하고, 그것을 토대로 이 책을 내는 것 역시 기회를 붙잡는 일일 수 있습니다. 그러나 기회가 주어졌는데도 붙잡지 못하고 헌신하지 못한다면, 그 기회는 무용지물이 되고 맙니다. 기회를 붙들지 못하고 그냥 그렇게 살아가는 사람들을 많이 봤습니다.

사랑하는 여러분, 하나님은 우리에게 동일하게 기회를 주십니다. 하나님의 보편적 사랑 안에서 모두에게 기회를 주시는데, 우리가 그 기회를 붙들지 못하는 것입니다.

7) 끈기

끝으로, 끝까지 수행하는 자입니다. 옳다고 확신한다면 끝까지 수행하고 끈질기게 해결해 간다는 말입니다. 물론 일을 하다 보면 궤도를 수정해야 할 때도 있고, 방향 전환을 위해 하던 일을 중단해야 할 경우도 있습니다. 그러나 끝까지 수행하는 사람에게는 그저 잠시 멈춤일 뿐입니다. 궤도를 수정한 후 다시 시도합니다. 그러므로 리더는 지금 잘 안 된다고 해서 결단코 변명하지 말아야 합니다.

저는 어렸을 때 혼도 많이 나고 매도 숱하게 맞았습니다. 어린 마음에 매를 맞기 싫어서 자기 합리화를 많이 했습니다. 그러나 예수님을 만난 후에는 그조차도 하나님 앞에서 거짓인 것을 알고 그러지 않으려고 애를 썼습니다. 리더는 더욱 그래야 합니다. 리더는 자기 앞에 주어진 어떤 일들에 결코 변명하지 않아야 합니다. 변명 대신 책임을 지는 자가 되어야 합니다.

공동체가 잘못되었다면 누구의 책임일까요? 우리 리더들의 책임입니다. 끝까지 수행하는 사람은 세 가지 삶의 철학을 가지고 살아가는데, 책임과 성실함과 완주하려는 노력입니다. 물론 이것이 쉬운 것은 아닙니다. 그러나 리더라면 이 요소를 성장시키기 위해 부단히 노력해야 할 것입니다.

끝까지 수행하는 사람, 기회를 포착하고 주는 사람, 누군가를 위해서 기여하는 사람, 그리고 스토리텔러가 되는 사람, 관계 역량이 뛰어난 사람, 그리고 영향력을 끼치는 사람, 촉매자가 되어 동기 부여를 잘하는 사람이 리더의 잠재력을 가진 사람입니다. 저는 지금도 이 일곱 가지 자질을 함양하기 위해 부단히 애쓰고 있습니다. 온전하지 않지만 한 걸음 한 걸음 걸어가고 있습니다.

하나님께서는 리더인 우리에게 맡겨 주신 공동체에서 온전한 리더십을 발휘하기를 원하십니다. 그러므로 일곱 가지 잠재력을 기억하고, 이 가운데 부족한 역량을 계발하고, 성장하며, 성숙시키는 리더들이 되시기를 바랍니다.

20장

리더십 유형

리더십에는 한 가지 유형만 있는 것이 아닙니다. 다양한 모양의 리더십이 존재합니다. 그래서 이 장에서는 리더십의 유형을 살펴보려고 합니다.

유형별로 리더십 특성을 보면 우리 각자가 어떤 유형에 속하는지 확인할 수 있습니다. 또 유형별 리더십의 특성을 관찰하고 분석하면서 우리 각자에게 가장 적합한 리더십이 무엇인지, 지금 내가 가지고 있는 리더십이 나에게 적합한 것인지도 확인할 수 있을 것입니다.

여기에서 한 발 더 나아가, 각자의 리더십을 수정해야 할

부분은 없는지, 더 나은 리더십으로 발전할 여지가 있는지까지 살펴보았으면 합니다. 그래서 더 발전적인 리더십, 새로운 리더십으로 변화를 도모하는 계기가 되었으면 합니다.

첫 번째 유형은 '거래적 리더십'입니다. 거래적 리더십은 말 그대로 어떤 조건적 보상을 제시하는 리더입니다. '누가 이렇게 하면 내가 이렇게 이렇게 하겠다'라는 것입니다. 대체로 상벌적 개념의 리더십을 발휘합니다.

우리가 어렸을 때를 떠올려 보십시오. 부모님이 공부를 잘하거나 시험을 잘 보면 용돈을 주겠다, 자전거를 사주겠다 하는 약속을 하셨습니다. 이런 것들이 거래적 리더십입니다. 조건을 걸고 성과를 달성하라는 것입니다. 상대가 어리거나 위계 질서의 하위에 있는 사람을 대상으로 할 경우에는 상당한 효과를 볼 수 있습니다. 거래적 리더십은 상업적 성향에 많습니다. 기업체의 성과급 제도를 생각해 보면 알 수 있습니다.

그러나 여기에는 부작용이 따릅니다. 조건을 걸고 성과를 달성하는 것이 반복되면, 조건이 없을 때는 성실하지 않거나 최선을 다하지 않는 경우가 발생합니다. 그리고 자칫 경쟁 구도로 갈 수도 있습니다. 최근에는 '금전적인 보상만이 과연 진정한 보상인가?'라는 문제가 많이 제기되었습니다. 그래서 많은 기업체에서도 '우리는 의미 중심의 일들을 하기 때문에 일을 하면서 얻는 의미로 보상은 충분하다. 그것은 어떤 보상과 비교할 수가 없다'라는 쪽으로 문화가 바뀌고 있습니다.

이것은 현대 사회의 가치, 의식 변화와도 맞닿아 있습니다. 자신의 일이 사회적으로 종교적으로 의미 있고 가치 있는 일이라면 임금이 적어도, 어떤 보상이 없어도, 물리적인 어떤 결과물이 주어지지 않더라도 헌신하고 희생합니다. NGO 단체는 저임금이거나 무임금이지만 환경, 평등 등의 가치를 위해 헌신합니다. 특히 Z세대나 밀레니얼 세대에게는 더 이상 물질적 가치가 적용되지 않습니다.

거래적 리더십 중에 '무간섭 리더십'이 있습니다. 전적으로 위임하는 리더십입니다. 거래적 리더십과 무간섭 리더십은 다른 범주 같은데 왜 같이 다루는지 의아한 분들도 있을 것입니다. 무간섭 리더십 역시 거래하는 것입니다. '어떤 성과 기준을 벗어날 때 개입하겠다'는 조건을 걸고, 나머지는 간섭하지 않겠다고 하는 거래입니다. 리더가 관리자(supervisor)로서 코칭만 하고 나머지는 전적으로 맡긴다는 말입니다. 사람을 세우고 키우는 리더십, 함께 일하는 리더십의 측면에서는 매우 효과적이지만, 방치하거나 과도 한 책임을 부여할 경우에는 오히려 더 큰 어려움이 발생할 수도 있습니다.

그렇더라도 무간섭 리더십은 과거의 수직적이고 권위적인 거래적 리더십에서 한 발 더 나아간 현대 사회에 적합한 거래적 리더십일지도 모릅니다. 제4차 산업혁명 시대 기업의 오너들은 자신들의 권리와 지분(ownership)을 나누며 무간섭 리더십을 통해 인재를 발굴하고 키워 내며 기술을 축적하는 양태로 변화하고 있다는 점도 주목할 필요가 있습니다.

두 번째 유형은 우리가 잘 알고 있는 '변혁적 리더십'입니다. '변혁적'이란 성경에서 '새롭게 된다'고 할 때 쓰는 'Transformation'으로 질적인 변화를 말합니다. 이전에 에너지 효율이 좋지 않던 경유차가 지금은 효율이 좋게 바뀌었다고 할 때, 혹은 사람이 전혀 다른 사람으로 탈바꿈했다고 할 때 변혁이라는 말을 씁니다.

변혁적 리더십을 주도하는 리더들은 강력한 카리스마적 리더십을 추구하는 경우가 많습니다. 기업의 총수가 되었다든지, 교회를 개척해서 성공적인 목회를 하여 큰 교회로 성장시켰다든지 하는 경우는 변혁적 리더십을 많이 행사하고 그만큼 카리스마가 강합니다. 주도성이 강하다고 말할 수도 있습니다.

그런데 이런 부분은 변혁적 리더십의 단면일 뿐입니다. 실제적으로는 어떤 자극을 통해서 동기를 부여하여 결과를 만들어 내도록 하는 것이 변혁적 리더십에서 매우 중요한 부분입니다. '잘해 보자. 이렇게 하면 좋은 일이 있을 거야' 하는 수준이 아닙니다.

결과가 질적으로 달라질 수 있도록 각각의 구성원들에게 실질적인 조언을 해줍니다(personal touch). 멘토의 역할을 하는 것입니다. 공동체 구성원 개개인의 잠재력을 개발해서 실제적인 삶의 질적인 변화를 도모하는 것, 이런 리더십을 우리가 변혁적 리더십이라고 합니다.

현대 사회에서 변화의 속도는 광속이라고 할 만큼 매우 빠릅니다. 지금은 5G의 시대인데 2023년쯤에는 6G 시대가 된다고 합니다. 비행기도 빨라져서 국내선도 미사일처럼 빠른 비행기가 출현하고, 서울에서 부산까지 40분 걸리는 교통수단도 양성화된다고 합니다. 이런 것이 다 변혁적 리더십을 통하여 나타나는 결과라고 볼 수 있습니다.

전 세계의 사회, 환경, 문화 요소들은 변하는데 유독 변하지 못하는 곳이 있다면 저는 교회라고 생각합니다. 진리인 복음과 성경은 절대 침범할 수 없고 변형할 수 없다고 생각하기 때문입니다. 물론입니다. 복음은 절대 훼손되어서는 안 됩니다. 그러나 교회당이나 교회 문화는 진리가 아닙니다.

그러므로 많이 보고 많이 듣고 많이 배워야 합니다. 그래서 우리 연구소에서도 변혁적 리더십을 위해 제3의 공간적 개념, 제4의 공간적 개념의 교회를 도입하거나 멘토링 목회를 도입하는 등의 컨설팅을 진행하고 제공하고 있는 것입니다.

변혁은 그냥 세상에 발 맞추어 변화를 추구하는 것이 아닙니다. 왜 변혁하려고 하는지, 변혁을 통해 어떤 결과를 만들 것인지 먼저 생각해야 합니다. 여러분, 우리는 알고 있는 만큼 보게 되고, 보는 만큼 말하게 되고, 경험한 만큼 이야기할 수 있습니다.

그러므로 변혁적 리더십의 출발은 다각적인 학습을 전제로 합니다. 내 영역과 다른 이야기라도 무엇이 다른지, 무엇을 이야기하려는 것인지 귀를 기울이고, 힘써 알려고 노력해야 합니다. 그럴 때 변혁을 위한 여러 소스를 확보할 수 있을 것입니다.

세 번째 유형은 예수님의 리더십인 '서번트(Servant) 리더십', 곧 섬김의 리더십입니다. 켄 블랜차드(Ken Blenchard)의 책 《섬기는 리더 예수》(*The Servant Leader*)의 제목이기도 합니다.

우리는 예수님의 섬김을 두 가지로 나누어서 봅니다. 하나는 소극적인 섬김이고, 하나는 적극적인 섬김입니다. 소극적 섬김이란 공동체 안에서 우리의 손과 발이 필요한 곳에서 헌신하는 것입니다. 회사 내의 약자를 돕는다든지, 조직 내의 약자를 위해 시설을 보완한다든지 등의 활동을 말합니다.

그런데 서번트 리더십의 핵심은 훨씬 능동적이고 적극적입니다. 서번트 리더십은 사람을 세우고 키우는 리더십이기 때문입니다. 예수님은 제자들을 양육하고 훈련시켜서 흩어져 복음을 선포하게 하셨습니다. 열두 제자가 예수님과 함께 머물 때 얼마나 어리석었고 믿음이 없었습니까?

그러나 예수님은 제자들에게 하나님의 영이 임하면 전 세계에 복음을 선포할 수 있다고 믿고 그들과 함께하셨습니다. 그리고 예수님의 권세를 위임하여 복음 전파를 수행하게 하셨습니다. 여기까지가 서번트 리더십입니다.

서번트 리더십을 단순히 섬기고 봉사하는 것으로만 오해하는 분들이 많습니다. 봉사와 섬김도 중요하지만, 그것을 넘어서서 사람을 세우고 그가 자신의 잠재력을 100퍼센트 끌어올려 충분한 역량을 발휘하도록 돕는 일, 그래서 나보다 더 뛰어나게 일할 수 있도록 만들어 주는 것이 서번트 리더십입니다.

예수님의 서번트 리더십은 제자들에게만 해당하는 것이 아닙니다. 하나님은 우리 각자에게 맞는 재능과 역량을 주셨습니다. 그래서 우리로 하여금 사역하게 하시고 사회에 나가 일하게 하십니다. 이 자체가 서번트 리더십입니다.

이런 리더십을 가진 리더는 자연스럽게 인격과 인품이 뛰어난, 품격 있는 사람이 될 수밖에 없습니다. 그러다 보니 서번트 리더십의 리더들은 태도가 좋습니다. 품격이 있고 태도가 좋으면 자연스럽게 영향력도 커집니다. 태도란 어떤 환경과 상황에 반응하는 자세입니다. 위기가 오고 고통이 오고 고난이 오고 핍박을 받을 때, 이들은 어떤 태도를 취할까요? 그 고난을 감사함으로 받는다고 사도 바울은 이야기했습니다.

정리하면, 단순히 봉사하고 섬기는 것만이 서번트 리더십이 아닙니다. 어떤 상황과 환경이 오든 적극적인 태도로 대응할 뿐 아니라, 다른 사람을 세우고 그들이 역량을 발휘하도록 영향력을 끼치는 것이 서번트 리더십입니다.

네 번째 유형은 '공유 리더십'입니다. 공유 리더십은 팀 리더십이며, 관계 중심적인 리더십입니다. 앞에서 기업체들이 수직적 구조에서 수평적 구조로 변하고 있다고 했습니다. 그래서 기업체들이 공유 리더십을 매우 강조합니다. 누구든 좋은 의견이나 아이템이 있으면 제안하고 대응하도록 대화의 장을 열어 두고 있습니다.

교회에서는 팀 사역을 이야기할 수 있습니다. 2000년도에 소그룹 사역이 들어오면서부터 한참 펼쳐졌던 팀 사역이 일종의 공유 리더십입니다. 목회자가 평신도 리더에게 위임하고 팀을 만들어 일을 하게 하는 것입니다. 팀 목회가 잘되는 교회들도 있습니다만, 우리 나라 교회에 잘 정착하지 못한 것 같습니다. 아직은 팀 목회가 뿌리내리기 힘든 문화가 있기 때문입니다. 그러나 30~40대 목회자들에게는 팀 목회가 가능할 것이라고 기대합니다.

공유의 리더십은 우리가 지금 살아가고 있는 4차 산업혁명 시대에 반드시 있어야 하는 리더십 유형입니다. M&A(Mergers & Acquisitions)는 기업인수합병을 뜻하는데, 다른 의미로는 리더십 공유라고 할 수 있습니다. 이 기업의 강점과 저 기업이 가진 강점을 결합하고 공유해서 더 큰 가치를 만들어 내기 위한 일입니다.

저는 이것을 한국 교회에 대입하면 좋겠습니다. 다양한 특징의 교회들이 합쳐지면 굉장한 시너지를 만들어 낼 수 있다고 생각합니다. 이것이 바로 공유 목회입니다. 한국 교회에 공유 리더십이 활성화되어서, 기업들이 M&A를 통해서 더 높은 가치를 만들어 내는 것처럼, 교회도 각각의 사역들을 결합시켜서 더 큰 사역, 더 나은 사역이 이루어지기를 소망합니다.

다섯 번째 유형은 '추격형 리더십'입니다. 용어가 좀 과격하지요. 어떤 목표를 향해 적극적으로 추진해 나가는 리더십입니다. 이런 리더는 경험에 근거하여 방향을 제시하며 추진력이 매우 큽니다. 효율성 극대화를 통해 성장을 하므로 성장 중심적인 리더십입니다. 우리 나라 교회의 1세대 목회자를 생각하면 이 유형의 리더십을 이해하기가 쉬울 것입니다. 권위적으로 느껴지지만 자기 스타일을 고수하므로 추진력도 매우 큽니다.

사랑의교회, 여의도순복음교회, 온누리교회도 추격형 리더십을 가진 리더로 말미암아 부흥하고 성장한 교회입니다. 성장이 리더 한 사람의 추진력으로 견인되다 보니 아무래도 네트워킹은 제한되는 것 같습니다.

마지막으로 소개하고 싶은 리더십 유형은 '후방형 리더십'입니다. 후방형 리더십은 4.0 리더와 같은 말입니다. 후방형 리더십을 만드는 다섯 가지 요소를 살펴보겠습니다.

1) 민첩성(Agile)

민첩하면 기회를 빠르게 포착할 수 있습니다. 의사 결정도 빠릅니다. 수평적인 기업 문화 속에서는 수직적인 문화 속에서보다 의사 결정이 빠릅니다. 교회를 예로 들어 봅시다. 현재 교회의 의사 결정 과정은 민첩성과 반대 지점에 있다고 해도 과언이 아닙니다. 안건 하나가 나오면 당회에서 결정하자고 하는데, 당회가 보통 한 달에 한 번 열리므로 한참이 지나서야 안건이 의논되고 결정됩니다. 그러다 보니 교회의 리더십은 선진적 리더십에서 뒤처지고 공동체가 미숙해집니다. 따라서 교회가 시대와 발 맞추어 가려면 민첩성의 필요성을 느끼고 이를 도입하려고 노력해야 한다고 생각합니다.

온라인 매체는 민첩성을 만드는 데 굉장히 도움이 됩니다. 공간의 제약이 사라지기 때문에 시간만 정하면 어디서든지 회의할 수 있기 때문입니다. 온라인을 적극 활용하여 후방형 리더십을 도출하는 첫 번째 요인인 민첩성을 해결해 나가기를 바랍니다.

2) 변혁성(Game Changing)

앞서 나온 변혁적 리더십으로, 혁신적인 접근을 통해 새로운 형태를 만드는 것이 변혁하는 것입니다. 여러분의 공동체, 조직, 교회도 변혁을 통해 새로워져야 합니다.

3) 연결성(Connected)

광범위한 네트워킹이 필요하다는 말입니다. 후방형 리더들은 같은 공동체, 같은 직군의 네크워크뿐 아니라 더 넓은 네트워크를 구성합니다. 이들은 전문가의 조언을 듣기 위해 과감히 자원을 투입합니다. 가내수공업자가 성장하지 못하는 이유가 무엇인지 아십니까? 자기가 거래하는 사람, 회사, 조직 안에만 머물기 때문입니다.

성장을 원하십니까? 그렇다면 좀더 광범위한 네트워크를 조성해야 합니다. 코치와 멘토들을 많이 두는 사람일수록 반드시 성공하고 성장할 수 있습니다.

4) 증폭성(Multiplying)

내가 증폭하는 것은 당연한 것이고, 공동체 구성원 모

두의 능력이 극대화되도록 장을 열어 주는 것을 극대화라고 합니다. 그럴 때 자신의 잠재력을 개발하여 역량을 100퍼센트 발휘할 수 있을 것입니다. 공동체의 리더와 구성원 모두의 능력을 최대치로 끌어올릴 때 그를 후방형 리더라고 할 수 있습니다.

5) 보편성(Globally Effective)

중용을 취하라는 의미가 아니라, 세대와 지역을 아우르는 영향력을 주어야 한다는 말입니다. 보편성은 매우 중요한 요소입니다. 예를 들어, 제가 지금 60대인데, 20대와 30대, 40대와 소통한다면 아마 잘 이해하지 못하는 언어도 있을 것입니다. 그렇더라도 그들이 어떤 사고를 하는지, 어떤 문화를 공유하는지, 어떤 것을 지향하는지, 취향은 무엇인지는 알 수 있으니, 그것을 통해 공감대를 형성해 낼 수 있습니다. 이것이 보편성입니다.

후방형 리더십은 민첩성, 변혁성, 연결성, 증폭성, 그리고 보편성이라는 다섯 가지 요소를 함축하고, 이것을 구현해 내고, 어느 요소도 부족하지 않도록 고민하고, 정착시키고 뿌리 내리게 하는 리더십입니다. 지금 시대에 필요한 리더입니다.

여러분, 변화의 기회를 포착하십시오. 지금 2021년은 변혁할 수 있는 절호의 기회입니다. 새로운 옷을 입히십시오. 종전에 하던 것을 똑같이 하지 마십시오. 광범위한 전문가, 탁월한 사람들과의 네트워킹을 망설이지 마십시오. 우선 가까이 있는 사람들부터 그들의 능력을 극대화시켜 주십시오. 어떤 세대라도 영향력을 끼칠 수 있도록 자기 준비를 철저히 하십시오. 이것을 후방형 리더십이라고 합니다.

지금까지 리더십의 유형을 설명했습니다. 이전에는 주로 감성적 리더십, 서번트 리더십, 카리스마 리더십 이야기를 많이 했습니다. 그런데 지금은 그렇지 않습니다. 시대가 요구하는 리더십 유형이 바뀌었기 때문입니다. 리더십의 형태도 색깔도 바뀌었습니다. 새로운 리더십이 등장하고 있는 것입니다.

여러분, 리더십은 영향력입니다. 리더십은 배워야 하는 것입니다. 리더십은 훈련으로 발전됩니다. 리더십은 한마디로 저절로 생기지 않습니다. 여러분의 리더십을 훈련하고 강화해서, 모두가 이 시대에 꼭 필요한 리더가 되면 좋겠습니다.

21장

리더십 유형 이론

💬 리더들은 어떤 유형을 가지고 있을까요? 리더들이 어떤 리더십을 가지고 있는지, 리더십을 규정할 때 어떤 요인 때문에 리더십이 발휘되는지, 어떤 영향을 받는지, 어떤 유형인지를 알 수 있기 때문입니다. 이런 것을 리더십의 유형 이론이라고 합니다. 매우 방대한 내용이므로 기본적인 개념을 중심으로 함께 살펴보겠습니다.

리더십은 리더의 특성이다

리더의 특성 ⟶ 리더십의 유효성

✓ 어떤 리더인가?
✓ 리더의 행동 양식
✓ 리더의 영적 색깔에 따라

- 인격적
- 수도원적
- 지적
- 사회적
- 감성적
- 감각적

1) 리더의 특성에 따라서 리더십이 형성된다는 이론

리더가 어떤 사람인가에 따라서 리더십의 요체가 결정됩니다. 그 사람이 어떤 성향의 리더십을 가지고 있는가, 어떤 특성이 있는가, 어떤 행동 양식을 보이는가에 따라서 리더십의 유형이 드러납니다. 공동체 구성원의 색깔이 아니라 전적으로 리더가 가진 특성에 따라서 리더십이 이루어지고, 그 파급 효과로 공동체가 세워진다는 이론입니다.

이 이론에 따르면, 리더의 영적 색깔을 접하고 그런 리더십을 따르는 사람들로 자연스럽게 공동체가 형성된다고 하겠습니다. 혹은 공동체 내에 여러 다양한 색깔을 요구하는 구성원들이 있는데, 그중 일부분은 지도자가 가지고 있는 영적 색깔과 코드가 맞다고 할 수도 있습니다.

그렇다면 영성의 색깔은 어떤 것이 있을까요? 대략적으로 여섯 가지로 규정할 수 있습니다. 인격적 영성, 지적인 영성, 감성적 영성, 수도원적 영성, 사회적 영성, 감각적 영성입니다. 리더가 가진 각각의 색깔에 따라 리더십이 전달되고 적용되며 영향력을 발휘하는 것입니다.

그런데 어떤 공동체든 구성원은 다양한 영적 색깔을 가지고 있게 마련입니다. 따라서 리더가 특성을 하나만 가지고 있다면 그 특성에 응하는 사람이나 그 특성과 일치되는 사람들과의 공감대가 쉽게 형성된다는 장점이 있습니다. 동시에 그 장점은 자신들만의 집단, 어떤 특정한 집단이 될 위험성이 크다는 단점도 됩니다. 이처럼 리더의 특성이 어떠한가에 따라서 그에게 유효한 부분만 리더십에 적용된다는 것이 이 유형의 단점입니다.

2) 리더십은 추종자들의 머릿속에 존재하는 이미지에 의해서 결정된다는 이론

이 말은 리더가 어떤 특성을 가지고 있든지 간에 추종자들의 지각 구조에 따라 리더십이 선택되고 지지되고 옹호되고 추종되며, 이런 맥락 하에서 리더십이 유용해진다는 뜻입니다.

예를 들면, 회사를 선택할 때 '이곳은 내 성향과 맞다, 이곳의 리더는 내가 원하는 리더십을 발휘하고 있다, 나는 이 회사에 입사하고 싶다' 하고 결단하는 것입니다. 교회의 경우, 그리스도인들이 타 지역으로 이사하면 교회를 먼저 찾습니다. 주변에 있는 여러 교회를 다니면서 자신의 기준으로 교회를 평가합니다. 그들이 가지고 있는 목회자상, 교회상을 기준으로 일치하는 교회를 선택합니다. 유형 이론이 중요한 것이 이런 이유에서입니다. 자신도 모르게 셀프 컨설팅을 하는 하나의 기초적인 이론이 되기 때문입니다.

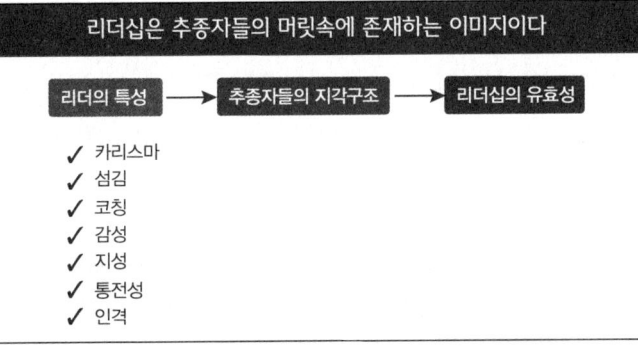

3) 리더십은 리더의 행위와 추종자들과의 관계에 의해서 결정된다는 이론

리더가 어떻게 행동하는지, 또 공동체 구성원들과 어떤 관계가 형성되어 있는지에 따라 리더십이 유효하다는 것입니다. 이것은 앞의 두 유형과는 달리 쌍방적인 성격을 띱니다. 리더가 가지고 있는 성품이나 행동 양식, 행동 패턴, 인격 등을 보고 사람들이 판단하고 따른다는 이론이기 때문입니다.

여기서 중요한 것 하나를 기억해야 합니다. 이 유형에서는 추종자들이 리더를 선택할 때 대부분 이미 알려진 사람을 찾는다는 것입니다. 정보 사회에서 다양한 루트를 통해 여러 리더를 찾아보고, 그 가운데 자신과 연관성 있는 사람을 선택하고 결정합니다. 지역주의나 정치색에 따른 분류 역시 이 유형으로 설명할 수 있습니다.

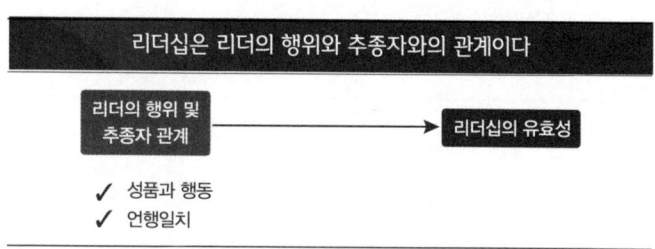

4) 리더십은 상황 적합성이라는 이론

'리더십이 유효하다, 적합한 리더십이다' 하는 판단은 어떤 상황에 좌우된다는 말입니다.

스티브 잡스는 자기가 창업한 애플사에서 퇴출당한 적이 있습니다. 그뒤 애플사는 경영위기에 직면하였고, 스티브 잡스가 애플을 떠난 뒤 애플사가 위기에 직면하게 되었습니다. 이 상황을 해결할 적임자를 찾을 수 없게 되자 이사회는 스티브 잡스가 적임자라고 판단해 다시 CEO로 취임시켰고, 그의 영향력 아래 지금의 애플이 탄생했습니다. 이것이 상황 적합성 이론의 좋은 예가 됩니다.

교회든 회사든 어떤 위기에 봉착했을 때, 리더를 교체해서 어려움을 타개하려는 시도를 합니다. 그것의 배경에는 이 이론이 있습니다.

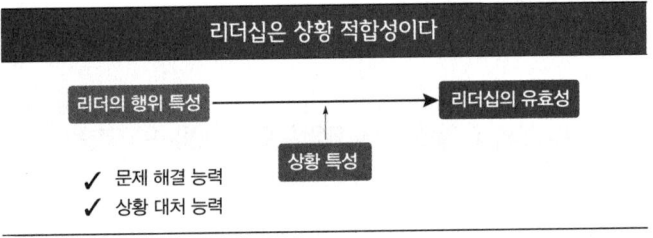

5) 리더십은 변화 주도 행위라는 이론

21세기, 제4차 산업혁명이 야기된 지금의 정황에 가장 적합한 리더의 유형이라고 생각합니다. 그래서 많은 기업체에서 CEO를 찾을 때도 변화 주도형 리더를 찾고 있습니다. 기업체의 리더가 지속적이고 끊임없는 자기 변혁과 기업의 변화, 경영의 변화를 도모하고 있고, 그것을 통해서 추종자들, 곧 공동체의 구성원들이 영향을 받고 있습니다. 이것을 목도하면서 우리는 그들이 다섯 번째 유형, 곧 변화 주도형 리더라고 정의합니다.

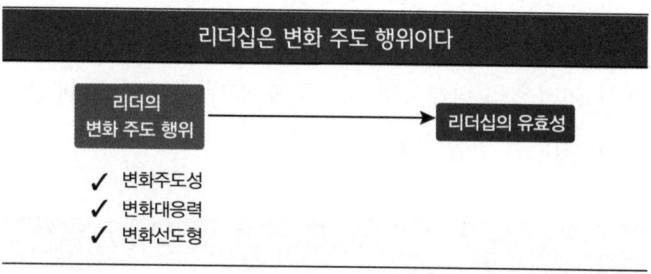

6) 리더십의 효과는 다른 요인들로 대체될 수 있다는 이론

그렇다면 다른 요인은 무엇일까요? 대체 요인은 리더의 특성이나 시대적인 필요, 변화를 주도하거나 문제 해결에 근거한 것이 아니라, 어떤 조직의 특성이나 단기적인 업적을 이루는 과업적 특성, 구성원들의 관계, 혹은 그들 개개인의 특성 등을 말합니다. 이런 대체 요인을 고려해서 가장 적합한 리더를 찾을 때 리더십이 유효할 수 있습니다. 한마디로 공동체의 특성을 고려해서 유효할 수 있는 리더를 선택한다는 말입니다.

지금 우리 한국 교회는 세대 교체가 많이 일어났고, 지금도 진행되고 있습니다. 이럴 때 담임목사를 청빙하는 위원들에게 '우리 교회는 이런 특성이 있으므로 이런 목표가 있으니, 이것을 이룰 수 있는 적합한 목회자가 어디에 있을까?'라는 생각이 머릿속에 있습니다. 그렇게 해서 목회자를 청빙할 때 이 리더십이 유효할 수 있습니다.

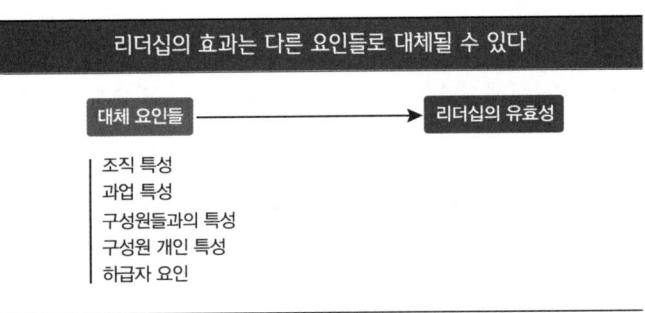

여섯 가지 유형 이론을 통해 우리가 알 수 있는 것은,

'지금은 필요 중심적 리더를 찾을 때'라는 것입니다. 리더들은 이 시대가 요구하는 지도자형을 면밀하고도 충분하게 파악하고, 그런 조건을 구비해 가야 합니다.

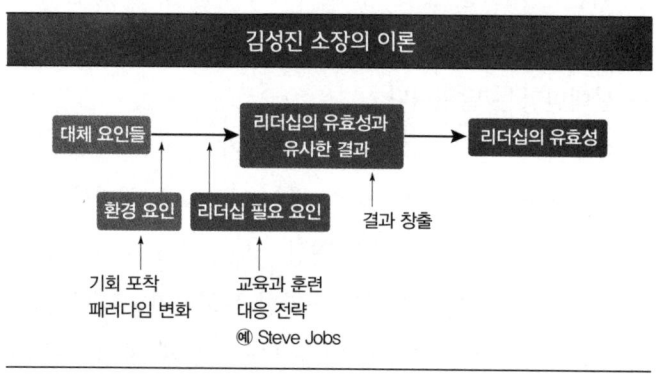

지금까지 이 시대가 요구하는 리더십이 무엇이며, 그에 따라 어떠한 리더가 되어야 하는지를 이야기했습니다. 리더라면 시대에 맞는 리더, 시대가 요구하는 필요를 충족시키는 리더가 되도록 준비해야 합니다. 이런 리더만이 기회를 포착하고 공동체를 발전시킬 수 있을 것입니다.

그러기 위해서는 반드시 패러다임의 변화가 있어야 합니다. 리더로서 새 시대, 새 사회, 새 공동체의 필요를 충족할 수 있도록 패러다임을 바꾸어야 합니다. 계속적인 교육과 훈련을 통하여 유효한 리더십의 요인들을 분석하고, 시대와 상황을 이끌어 갈 수 있는 대안적인 리더십의 필수 요소를 준비해야 합니다. 이것이 오늘날 가장 바람직한 리더의 모습이 아닐까요. 이런 리더라면 반드시 결과 창출을 통해 리더십의 유효성을 만들어낼 수 있을 것이라고 생각합니다.

제가 여섯 가지 리더십 유형 이론을 말한 것은, 이런 유형을 총망라하여 적합한 모델을 만들고 싶기 때문입니다. 통전적 리더십, 통합적 리더십이 필요하다는 말입니다. 시대가 필요로 하는 리더의 특성은 선천적인 능력이 아닙니다. 후천적으로 자기를 개발하고 훈련하여 얻을 수 있는 것들입니다.

그러므로 리더 여러분, 계속해서 자기를 개발하고 교육하고 훈련하여 이 시대에 필요한 것을 공급할 수 있는 대체 요인들을 만들어 내는 전방위적인 리더가 되십시오.

리더 vs 보스

♣ **리더는 태어나는 것이 아니라 만들어진다.**
'보스가 되지 말고, 리더가 되라'

보스	리더
• 두려움 조성	• 확신 창조
• 비난을 돌린다.	• 잘못을 바로잡는다.
• 모든 것을 안다고 한다.	• 질문한다.
• 일을 힘들게 만든다.	• 일을 흥미롭게 만든다.
• 자신에게만 관심	• 조직에 관심

리더는 태어나는 것이 아니라 만들어집니다. 물론 분석해 보면 리더의 5퍼센트는 태어난다고 합니다. 그러나 나머지 95퍼센트는 후천적으로 개발되고 만들어지고 세워지는 것입니다. 그렇다면 누구든지 리더가 될 수 있지 않겠습니까? 제가 계속해서 리더십 강의를 하고 컨설팅을 하고 책을 쓰는 것도 이런 맥락에서 노력하는 것입니다.

리더와 보스는 엄연히 다릅니다. 보스는 과거형 리더입니다. 이 시대는 더 이상 보스를 요구하지 않습니다. 안타깝게도 여전히 과거의 보스형을 오늘날까지 유효하다고 생각하는 이들이 있습니다. 보스와 리더의 차이를 보십시오. 비교해 보고 리더로서 갖추어야 하는 요소들을 구비하십시오. 리더는 확신적 창조를 합니다. 잘못을 바로잡아 가고, 조직에 관심을 두고 끊임없이 자기에게 질문을 던짐으로 새로운 가능성을 열어 갑니다.

미국의 대통령들 가운데 많은 사람들에게 존경을 받는 루스벨트 대통령은 이렇게 말했습니다.

"가장 유능한 리더는, 하고자 하는 바를 수행하는 뛰어난 자질의 사람들을 발굴하여 옆에 둘 수 있는 탁월한 감각을 지닌 사람입니다. 또한 사람들이 맡은 일을 수행하고 있을 때 그들이 무슨 일을 하든 간섭하지 않는, 충분한 자기 절제력을 가진 사람입니다."

이 말은 단편적으로 위임의 리더십을 강조하고 있습니다. 루스벨트 대통령은 보스의 시대에 살았던 훌륭한 리더였습니다.

굳이 이 시점에서 위임의 리더십을 이야기하는 이유는, 앞에서 언급한 리더십의 대체 요인은 사람을 세우는 일에 비중을 두고 있기 때문입니다. 리더는 자신을 세워갈 뿐만 아니라 공동체 구성원도 함께 세우는 사람일 때 아름다운 공동체를 창출할 수 있습니다. 그러므로 위임의 리더십은 반드시 필요합니다.

이 책이 리더 여러분에게 작으나마 도움이 되었으면 좋겠습니다. 모두가 리더의 자격을 갖추고 리더로서 또 훌륭한 구성원으로서 일할 때, 우리의 공동체가 보다 나은 세상을 만들어 가리라 확신합니다.

위대한 리더의 유산

1판 1쇄 인쇄 _ 2021년 12월 1일
1판 1쇄 발행 _ 2021년 12월 6일

지은이 _ 김성진
펴낸이 _ 이형규
펴낸곳 _ 쿰란출판사

주소 _ 서울특별시 종로구 이화장길 6
편집부 _ 745-1007, 745-1301~2, 747-1212, 743-1300
영업부 _ 747-1004, FAX 745-8490
본사평생전화번호 _ 0502-756-1004
홈페이지 _ http://www.qumran.co.kr
E-mail _ qrbooks@daum.net / qrbooks@gmail.com
한글인터넷주소 _ 쿰란, 쿰란출판사
페이스북 _ www.facebook.com/qumranpeople
인스타그램 _ www.instagram.com/qrbooks
등록 _ 제1-670호(1988.2.27)
책임교열 _ 이화정

© 김성진 2021 ISBN 979-11-6143-637-1 03230

책값은 뒤표지에 있습니다.
이 출판물은 저작권법에 의해 보호를 받는 저작물이므로 무단 복제할 수 없습니다.
파본(破本)은 구입처에서 교환해 드립니다.